HEIMAT

5-7, rue de l'Ecole-Polytechnique, 75005 Paris

www.editions-harmattan.fr

ISBN : 978-2-343- 15780-1
EAN : 9782343157801

Gabriel WEISSBERG

HEIMAT

La petite maison dans la patrie

Essai

L'Harmattan

A Herbert, mon père.
Naufragé de la Baltique, Légionnaire en Indochine,
Il choisit les rives du Lot pour dernière Heimat.

A Remi et Maï, mes enfants.
Parce qu'il est bon de savoir d'où l'on vient
Si l'on veut espérer savoir qui l'on est.

Quand donc est-on chez soi ?
B. Cassin[1]

Il n'est pas d'Allemand qui ne cherche sa *Heimat* ou, quand il pense l'avoir trouvée, ne se demande si c'est bien celle-là qu'il cherchait. Si on s'autorisait à l'essentialiser sur ce point – et, bien sûr, on ne le devrait pas -, on dirait que c'est un trait caractéristique de son *Dasein* : parlez-lui *d'identité*, il ne sortira pas son passeport, mais évoquera sa *Heimat* !

Pourtant, en dehors de ses voisins autrichiens et suisses, il y a peu de chance que quiconque le suive sur ce terrain. Pour beaucoup de Français par exemple, *Heimat* n'évoque rien d'autre que le titre de la saga d'Edgar Reitz diffusée sur les chaînes de télévision allemandes à partir de 1984 puis en France et dans plusieurs pays européens les années suivantes[2]. Mais peu nombreux sont ceux qui ont vu plus d'un des trente épisodes de ce monument cinématographique de cinquante-six heures et dont la construction s'est étendue sur une trentaine d'années. De même, le film en noir et blanc et en deux parties qui compléta la série en 2014[3] n'a pas rencontré le grand

---

[1] Barbara Cassin : *La nostalgie. Quand donc est-on chez soi ? Ulysse, Enée, Arendt.* Paris, Ed. Autrement, 2013.

[2] *Die Heimat Trilogie,* série télévisée d'Edgar Reitz ; *Heimat1 : Une chronique allemande* (1984, 11 épisodes, 940 mn) ; *Heimat 2 : Chronique d'une jeunesse* (1992, 13 épisodes, 1532 mn) et *Heimat 3* : *Chronique d'une époque* (2004, 6 épisodes, 658 mn). L'ensemble est accessible en DVD.

[3] Le film s'intitule *Heimat* et ses deux parties *Chronique d'un rêve* et *L'Exode*. 2013, 102 mn et 129 mn.

public. Aussi le terme reste-t-il peu connu à l'ouest du Rhin.

Qu'est-ce donc que la *Heimat* ? En français, le terme est le plus souvent traduit par *petite patrie*. Le dictionnaire allemand *Duden*[4] en donne deux définitions. La première est simple : « origine, lieu de provenance d'un animal, d'une plante, d'un produit ou d'une technique ou autre ». La seconde est plus complexe : « Pays, région ou lieu, où on [est né et] a grandi ou bien où l'on se sent comme chez soi grâce à des séjours répétés ». Elle juxtapose une indication administrative (le lieu de naissance) et un état psychologique (se sentir *comme chez soi*) évidemment subjectif et changeant. On retiendra que la notion de *Heimat* est intimement liée à l'affect : elle dit un attachement singulier à ses origines, l'accent mis sur des appartenances familiales et géographiques qui sont souvent le village ou le *pays* où l'on a ses racines.

En Allemagne son usage a longtemps été réservé au monde rural, sur un fond de conservatisme politique et d'immobilisme culturel. Instrumentalisée par les idéologues nationalistes et détournée par les nazis pour en faire le synonyme du Reich, la *Heimat* aurait pu être frappée d'indignité. Au lendemain de la guerre, en revenant à une définition plus traditionnelle, celle de la *petite patrie*, les *Heimatfilme* en ont pourtant exalté les valeurs et les vertus avant que la notion ne tombe en désuétude. Le terme est pourtant toujours très présent dans le champ culturel comme politique. Il existe toujours une *Heimatliteratur,* des *Heimatmuseen,* un enseignement de la *Heimat* (*Heimatunterricht*), etc. Il a même connu une nouvelle prospérité. La notion a été utilisée lors des élections présidentielles autrichiennes par le candidat

---

[4] *Deutsches Universal Worterbuch Duden.* Mannheim, F.A. Brockhaus, 2007, 6[e]édition. En l'absence d'autre indication, les traductions sont de l'auteur.

écologiste Alexander Van der Bellen, finalement élu. Les partis conservateurs et l'extrême droite xénophobe l'entonnent en toute occasion. En Allemagne, un « Ministère fédéral de l'Intérieur, de la construction et de la *Heimat* » (*Bundesministerium des Innern, für Bau und Heimat*) a été créé en 2018, marquant une reconnaissance institutionnelle inédite[5]. Son premier titulaire, le Bavarois Horst Seehofer, en a légitimé la création devant le Bundestag en présentant la *Heimat* comme « l'aspiration naturelle de chacun de ses concitoyens à définir ses appartenances au temps de la globalisation ».

Il a été beaucoup écrit sur ce sujet, bien plus que sur d'autres pourtant tout aussi familiers. Les publications se sont singulièrement multipliées ces dernières années. Mais, enquêtes journalistiques, recueils d'articles savants ou travaux universitaires, très peu d'entre elles ont été traduites en français. L'essai que l'on va lire tente de combler cette lacune. Il souhaite revisiter l'histoire, la littérature et le cinéma allemands à la rencontre de la *Heimat,* au gré de lectures et de souvenirs de lectures, d'excursions dans les journaux et les publications du *web*, de voyages hasardeux et de rencontres parfois incongrues. On y verra l'idée de *Heimat,* éminemment polymorphe et flexible, se tendre et se tordre.

Passant de *la maison* à la *patrie*, le lecteur français, à qui est en priorité destiné cet essai, sera peut-être tenté de faire de nombreux rapprochements avec ce qu'il sait de ses propres origines et de ses attachements. Ce n'est évidemment pas son objectif premier, mais si cet essai

---

[5] Il s'agit en fait d'un retour : il a en effet existé, après la chute de la République des conseils en 1919, et jusqu'à la fin de la République de Weimar, une organisation de propagande essentiellement antibolchevique qui portait le nom de *Heimatdienst für Ordnung, Recht und Aufbau* (Service patriotique pour l'ordre, le droit et la reconstruction). Son département bavarois (*Landesabteilung Bayern*) était particulièrement actif. Mais comparaison n'est pas raison.

permettait à chacun de mieux définir ses appartenances et de saisir ses identités multiples, l'auteur en serait fort satisfait.

1.
Ce que *Heimat* veut dire

Le terme *Heimat* est fréquent en allemand : les dictionnaires les plus courants proposent une quarantaine de substantifs qui l'utilisent. Cela va de *Heimatabend* (soirée folklorique) à *Heimatzeitung* (journal local) en passant par *Heimatanschrift* (adresse du domicile), *Heimatdichter* (poète dont les œuvres ont une inspiration locale), *Heimathafen* (le port d'attache), etc. La langue allemande, il est vrai, facilite ce type de construction qui consiste à accoler deux termes pour en former un autre. En atteste l'inventif *Heimatschuß (*de *schiessen,* tirer*)* des soldats *de* Verdun ou de Stalingrad, cette blessure par balle suffisamment grave, mais point trop handicapante, qui renvoie le soldat dans ses foyers[6].

Selon le dictionnaire Kluge[7], le mot est fort ancien et attesté dès le Moyen-âge sous la forme haut-allemande *heimôti*. Il dérive par la suite vers *heimandt*, *heimet* (et de nombreuses autres formes en Bavière et en Suisse) avant de se fixer sur *Heimat*. Qu'il devienne féminin au moment de la Renaissance (quoique le neutre soit encore en usage au XVIIe siècle) a dû laisser plus d'un philologue songeur. Utilisé sous la forme *Heimathaus* comme synonyme du

---

[6] C'est la « bonne blessure tombée du ciel », dont parle Henri Barbusse dans *Le Feu*. Edition enrichie suivie de *Carnets de guerre.* Paris, Flammarion, 1965, 412 (p. 259)

[7] Friedrich Kluge/ Elmar Seebold : *Etymologisches Wörterbuch der deutschen Sprache* (Dictionnaire étymologique de la langue allemande*) Berlin, Walter de Gruyter 2016, 25e éd.* et *Der digitale Grimm* (Dictionnaire en ligne) sur le site http://dwb.uni-trier.de.

latin *domicilium,* il désigne enfin le lieu de naissance et plus précisément la maison paternelle. Dans *Heimat*, il y a en effet *Heim,* dont la signification est proche de l'anglais *home* : c'est la maison, la maisonnée, le foyer. On retrouve ce sens dans *das Altersheim* (la maison de retraite, le foyer du troisième âge), *die Heimarbeit* (le travail à domicile) ou encore *das Heimchen* (le grillon du foyer). Des dizaines d'autres substantifs utilisent la racine *heim* dans des sens proches : *der Heimweg* (le chemin du retour), *das Heimweh* (le mal du pays), *das Geheimnis* (le secret) et autant d'adjectifs : *heimisch* (du pays, indigène), *heimlich* (intime ou discret), etc.

Heimat, tout comme *Sehnsucht* (le désir nostalgique) ou *Gemütlichkeit* (le fait *d'être bien*) - pour rester dans le registre de l'affect - n'est pas directement traduit en français. Les traductions souvent proposées comme *lieu de naissance* ou *petite patrie* ou encore *pays (*au sens du latin *pagus),* ne sont pas satisfaisantes. Pour *lieu de naissance*, l'allemand dispose en effet de l'administratif *Geburtsort.* Le terme usité pour *patrie* est *Vaterland*, qui a une forte charge politique, voire nationaliste, et supporte mal la dépréciation de l'adjectif *petite*. Quant à *pays*, il se traduit communément par *Land,* terme malcommode, car il désigne, outre *la campagne*, des territoires à des échelles géographiques allant du continent (*das Festland*, les terres émergées) à la région administrative (le *Land* de Bavière) en passant par l'Etat (Deutschland). C'est en outre un *mot starter* utilisé pour former des dizaines de substantifs tels que *Landschaft* (le paysage) ou *Landwirtschaft* (l'agriculture).

Au-delà des problèmes de traduction, et quand bien même on lui trouverait un synonyme, on peut penser que la compréhension du terme buterait sur des représentations culturelles divergentes. On en veut pour illustration la manière dont le titre de l'album de bandes dessinées de

Nora Krug a été traduit dans divers pays. Neutre en Allemagne et en Grande-Bretagne (*Heimat*. Un album de famille allemand), il devient explicite aux Etats dans l'édition originale (Appartenance. Une Allemande renoue avec l'histoire et la famille), insiste sur l'éloignement en français (*Heimat*. Loin de mon pays, l'Allemagne) et sur le retour en néerlandais (*Heimat*. Retour au pays d'origine)[8]

Heimat et *Vaterland*

S'il est peu courant, le terme est parfois utilisé en français dans une acception géopolitique[9]. La *Heimat* est une portion d'espace, Etat ou partie d'Etat, caractérisée par « un rapport *dégéopolitisé* entre société et Etat » et qui « n'a pas ou plus de posture géopolitique saillante ». C'est donc un territoire, le plus souvent de petite taille, dont l'identité culturelle, et plus particulièrement religieuse, est forte, mais dont le rayonnement et les ambitions internationales sont limités. Il est le plus souvent libéral en matière économique (comment faire autrement ?), très sensible à ce qui peut remettre en cause son identité et souvent rétif à accueillir des migrants. En Europe, ce modèle, qui s'oppose à celui du *Vaterland*, est celui

---

[8] Nora Krug : *Heimat. Ein deutsches Familiealbum* (traduit de l'anglais), Londres, Penguin Verlag, août 2018 ; *Heimat. A German Family Album*. Londres, Particular books/Penguin, octobre 2018 ; *Belonging. A german Reckons with History and Home*. New York, Scribner, octobre 2018 ; *Heimat. Loin de mon pays, l'Allemagne*. Paris, (traduit de l'anglais par E. Cassin-Castric), Paris, Gallimard, 2018 ; *Heimat. Terug naar het land van herkomst*. Amsterdam, Balans, 2018.

[9] J. Lévy : Article *Heimat* in J. Lévy et M. Lussault (dir.) : *Dictionnaire de la géographie et de l'espace des sociétés*. Paris, Belin, 2003 (p. 451). L'article est resté inchangé dans l'édition de 2013.

d'Etats comme la Norvège, la Slovénie, la Suisse ou la Tchéquie.

Cette conception de la *Heimat* mérite sans doute d'être nuancée. Bien qu'ils n'aient plus aujourd'hui de « posture géopolitique saillante », certains Etats, et singulièrement l'Allemagne, ont néanmoins une influence qui demeure forte, fondée sur leur capacité de projection économique et leur attractivité migratoire. L'opposition entre *Heimat* et *Vaterland* paraît également discutable, car elle réduit souvent la première à sa seule dimension culturelle, voire folklorique, et le second à l'expression d'un nationalisme. Jean Améry (pseudonyme transparent de Hans Mayer), - écrivain et résistant autrichien exilé en Belgique et déporté à Auschwitz -, en fait le constat et « refuse de souscrire à la distinction pointue que l'on veut faire entre *Heimat* et Vaterland ». Il affirme avec force que « celui qui n'a pas de Vaterland, n'a pas non plus de *Heimat* »[10]. Privés par les nazis des droits qui s'attachaient à la citoyenneté et que manifestait la possession d'un passeport allemand, les Juifs se sont vus de ce fait dans l'impossibilité de faire de l'Allemagne leur *Heimat* (c'est-à-dire de s'y sentir en sécurité).

Le foyer

La *Heimat* est parfois comprise comme synonyme de la maison paternelle (ou maternelle). C'est *l'alpe* dans un roman suisse de 1880 dont l'héroïne Heidi est aujourd'hui plus connue que Johanna Spyri, son auteur. C'est un lieu de retrait, voire de sécession, pour le grand-père, un lieu de communion avec les animaux et la nature pour sa petite-fille. C'est également la *Hütte* (le chalet) de

---

[10] Jean Améry : *Par-delà le crime et le châtiment. Pour surmonter l'insurmontable.* Arles, Actes Sud, 1995. (Trad. de l'allemand par F. Wuilmart).

Todtnau, refuge et lieu de travail pour M. Heidegger, un « temple sécularisé »[11] où l'on a célébré les noces contre-nature de la pensée solitaire et de l'engagement partisan.

Qu'elle soit une « petite maison dans la prairie » ou une thébaïde, la *Heimat* peut cependant s'accommoder de la grande ville. C'est le cas de la *Fuchstrappe* (la Renardière), une villa du quartier de Schwabing à Munich, qui est le cadre des ébats et débats des amis d'Hermann Simon dans divers épisodes du *Heimat* d'Edgar Reitz. Pour le commun des citadins Allemands, ce pourrait être la *Stammtisch*, table d'habitués de sa *Kneipe* (son bistrot), haut lieu de cohésion sociale autour de laquelle on retrouve quotidiennement ses amis pour défaire et refaire le monde tout en soutenant la brassiculture locale[12].

La *Heimat*, telle qu'elle est vécue et éprouvée dans le monde germanique, s'affirme le plus souvent à l'échelle de territoires de petite taille, de *pays*, de vallées intramontagnardes ou de terroirs ruraux centrés sur un bourg. La connivence entre des acteurs en nombre réduit sur un territoire de taille restreinte fait du village et de son terroir la *Heimat* par excellence, la plus facilement identifiable. Elle prend des connotations plus affectives et culturelles que proprement politiques. C'est Waldheimat, hameau bien nommé du Steiermark autrichien auquel ne manque ni l'école, ni la ferme, le tout reconstitué pour être

---

[11] Victor Farias : *Heidegger et le nazisme*. Paris, Verdier, 1987, p. 191.

[12] Cette institution se retrouve ailleurs dans le monde. Miguel de Unamuno écrit par exemple que pour son héros Redondo « la patrie n'était ni la nation, ni la région, ni la province, pas même la ville où il était né, avait grandi et avait vécu. La patrie, c'était sa *tertulia*, ces deux tables de marbre blanc du café de la Union (…) autour desquelles, jour après jour, il retrouvait ses amis pour passer en revue et discuter de tout le divin et l'humain, et même d'autre chose ». Miguel de Unamuno : « Redondo, l'habitué » in *Au mirador de Bilbao*. Rennes, La part commune, 2017 (pp. 49-50).

présenté comme la patrie de Peter Rosegger (1843-1918), un chantre renommé de la *Heimat* styrienne. C'est également Schabbach, village fictif du Hunsrück dont le pouvoir évocateur est tel qu'il fallut lui donner une réalité muséographique pour apaiser la frustration de milliers d'Allemands à la recherche des multiples lieux de tournage de *Heimat Trilogie.*

Cependant la *Heimat* n'est pas seulement un territoire, mais le plus souvent l'association de celui-ci avec un temps, ce que résume le terme *daheim,* synonyme et quasi-substitut à *Heimat*, ce « quelque chose qui nous apparaît à tous dans l'enfance et où personne n'a jamais été »[13]. C'est le sens que lui donne Hans Fallada lorsqu'il intitule en 1941 « *Damals bei uns daheim* » (littéralement, « Autrefois, chez nous, à la maison ») le recueil de ses souvenirs d'enfance.[14]. Le terme est d'ailleurs fréquent dans le parler populaire et se décline dans la plupart des dialectes régionaux allemands. Une émission télévisée de la Bayerischer Rundfunk porte par exemple le nom *Dahoam* (Chez nous, à la maison) et revisite depuis de nombreuses années, avec un indéniable succès d'audience, les arts et traditions populaires et le patrimoine bâti du plateau bavarois et des vallées alpines. Insistant sur le *genius loci*, les producteurs cultivent la nostalgie d'un temps qui n'est plus. Quand le répertoire choral et la façon de former les andains dans les prairies de fauche suffisaient à distinguer un canton du canton voisin.

C'est une autre atmosphère, plus familiale, qu'évoquent les paroles du *Chant des marais*. Pour les prisonniers des camps la libération sera de pouvoir dire joyeusement :

---

[13] Ernst Bloch : *Le principe Espérance*. Paris, Gallimard, 1976, tome 1 (p. 17)

[14] Hans Fallada : *Damals bei uns daheim : Erlebtes, Erfahrenes und Erfundenes*. Berlin, Aufbau Verlag, 1983 (édition originale 1941) (Chez nous, à la maison : vécu, ressenti, trouvé). Non traduit.

« *Heimat*, tu es de nouveau mienne », c'est-à-dire de retrouver « les parents, l'épouse et les enfants » auxquels tous ne cessent de penser dans l'enfer des camps[15]. S'agissant toujours de famille, on peut également évoquer celle, plus intellectuelle, dont parle Hannah Arendt dans une interview des années 1960. Revenant sur la nature de son travail elle dit : « Mon métier, si je puis dire, c'est la théorie politique. Je veux comprendre et quand d'autres personnes comprennent comme moi j'ai compris, c'est pour moi une satisfaction ». Elle ajoute : « J'ai alors le sentiment d'être dans ma *Heimat* » [16] *ce* que le traducteur sous-titre justement « Je me sens alors comme en famille ». La *Heimat* est pour elle une communauté de pensée et de sentiments, tissée par les liens d'affinité que suppose l'interconnaissance. C'est une région du savoir partagé où l'on reconnaît spontanément les siens et, selon le mot prêté à J.G. Herder (1744-1803), « le lieu où on n'est pas contraint de s'expliquer » [17]. Sans doute parce que l'on s'y entend à demi-mot.

---

[15] *« Einmal werden froh wir sagen : / Heimat, du bist wieder mein »* ; *« Heimwärts jeder sehnet / zu den Eltern, Weib und Kind »*. La version originale en allemand (*Die Moorsoldaten*) a été écrite au camp de concentration de Börgermoor en 1933 par Johann Esser et Wolfgang Langhoff et mis en musique par Rudi Goguel. Ce chant a ensuite été utilisé par les volontaires allemands des Brigades internationales en 1936 puis par certains mouvements de résistance et certains régiments français. Il a été entonné dans la cour des Invalides, le 5 juillet 2017, lors de l'hommage national à Simone Veil.

[16] « *Ich habe dann ein Heimatgefühl* » in « *Hannah Arendt: Du devoir de la désobéissance »*, film documentaire de la Westdeutscher Rundfunk, 2015, 90 mn. Le passage se situe entre 1'43 et 1'57. Dans un article sur H.Arendt, Wolfgang Heuer traduit la même phrase par « Je ressens une satisfaction comprable à celle que l'on ressent *lorsque l'on est chez soi* » (in Tumultes 2008/1, page 15)

[17] J.G. Herder*: « Heimat ist da, wo man sich nicht erklären muss »*. La citation, souvent reprise, au point de passer pour un proverbe, n'est pas autrement identifiée.

L'antonyme du *Heimatgefühl* qu'éprouve Hannah Arendt pourrait être le *Unheimliche*, terme qu'utilisa Sigmund Freud et que Marie Bonaparte lui proposa de traduire par *inquiétante étrangeté*[18]. Cette forme d'angoisse est non seulement une rupture dans la rationalité de la vie quotidienne, mais aussi un sentiment « d'extimité » (J. Lacan), une perte de sens et de maîtrise, une chute dans l'altérité. La *Heimat* des psychologues n'est donc pas un lieu, mais un état d'esprit, une empathie avec son environnement, le fait de se sentir bien dans sa peau. Elle est donc, a priori, une affaire personnelle, voire cachée (*geborgen*), un lieu et un temps, une histoire que l'on s'approprie et qui devient de ce fait unique.

Les possessifs sont omniprésents et l'on peut encore citer les exemples du *Duden*[19] : « Munich est sa *Heimat* ; Vienne est ma seconde *Heimat* ou encore : revoir sa vieille *Heimat* ; aimer sa *Heimat*, la défendre ». On note au passage la profusion des registres d'utilisation du terme : le biologique (la filiation, l'hérédité), l'affectif (quitter, oublier, revoir, aimer), le politique (défendre). Sans oublier l'histoire et la nature toujours en filigrane. Quand la *Heimat* est placée à un autre niveau scalaire (régional ou national), comme c'est souvent le cas, c'est toujours au prix d'une double distorsion : on la résume à un territoire et on réduit la singularité de celui-ci à sa dimension ethnique et politique plus que proprement affective ou culturelle.

---

[18] Sigmund Freud : *L'inquiétante étrangeté* et autres essais. Paris, Gallimard, coll. Folio, 1985. La traduction acceptée par S. Freud fait cependant l'impasse sur le *Heim* (le foyer) et le préfixe d'opposition *un.* On retrouve l'expression sous la plume d'Orhan Pamuk qui parle de *« l'inquiétante étrangeté »* de sa Turquie natale dans son roman *Cette chose étrange en moi.* Paris, Gallimard, 2017.

[19] *Deutsches Universal Worterbuch Duden...*, ouvr. cité, article *Heimat*

La matrie

Parmi les liens expliquant l'attachement à la *Heimat*, la naissance est souvent citée et c'est sans doute le moins discutable. C'est elle que chante Hölderlin dans son poème *Heimkunft,* dédié aux parents et alliés (*die Verwandten*). Il y célèbre la joie des retrouvailles avec les compatriotes (*Landsleute* /les gens du pays) et évoque les souvenirs d'enfance : « Ô voix de la cité, de la mère ! Ô tu atteins, tu agites en moi des choses apprises de longue date » ![20] Pour lui, comme pour les romantiques, la *Heimat* est le lieu des expériences premières, celles qui fondent la socialisation d'un individu. Cette douce familiarité avec un lieu et un temps est le premier pas, et pas le moins décisif, vers la perception de *l'anima mundi*, cette présence divine dans la nature dont la figuration est d'ailleurs souvent féminine. Il n'y a pas de lien plus fort, plus *matriciel*, que celui-là. A tel point que Christoph Türcke[21], appelant S. Freud à la rescousse, peut écrire que la première *Heimat* est « le ventre de la mère ». Si le *Vaterland* est littéralement « le pays du père », autrement dit la patrie, il se pourrait donc bien que la *Heimat* soit « le pays de la mère », une mère-patrie, ou pourquoi pas, une *matrie*[22]. Dès lors, on entrevoit de plausibles raisons à la féminisation du terme…

---

[20] *O Stimme der Stadt, der Mutter! O du triffest, du regst Langegelerntes mir auf!* In Friedrich Hölderlin: *Heimkunft. An die Verwandten.* Sämtliche Werke, Band 6. *Elegien und Epigramme.* Munich, Luchterhand Verlag, 2004. Les deux vers cités se situent au début de la cinquième strophe.

[21] Christoph Türcke: *Heimat. Eine Rehabilitierung*. Springe, Zu Klampen Verlag, 2006 (*Heimat*. Une réhabilitation). Non traduit.

[22]En turc, *memleket* et *yurt* désignent de la même façon le pays natal, le foyer, la patrie mais *anavatan* signifie *le pays de la mère*. En anglais, parmi les nombreux synonymes qu'il donne à *Home, le Roget's Thesaurus of English Words and Phrases* propose également

Prolongeant le lien avec la mère, la nostalgie de la *Heimat* peut également être comprise comme une régression vers l'enfance, cette « époque idyllique » que J.W. Goethe a identifiée comme la première des quatre époques de la *Bildung* (la formation)[23]. A ce stade, écrit-il, on vit en intimité dans un cercle étroit de relations, confiant en ses amis, en sécurité au sein de la famille. C'est cela qu'évoque Theodor W. Adorno dans *Amorbach*[24] *:* sa vie d'enfant unique, la figure du père, commerçant prospère, celles de la mère et de la tante, chanteuses professionnelles, les longues randonnées dans l'Odenwald à partir de « l'adorable petite ville » (*das Lieblingsstädtchen*) où vit la famille. Au soir de sa vie, de retour d'exil, tout ce monde sensible se rappelle à lui : paysages, bruits et parfums. Il réalise alors que « l'enfance est le nom qu'il donnait à sa *Heimat* »[25]. Elle est un lieu et une lignée.

Dans un article souvent cité du journal *Die Zeit,* Ch. Von Krokow[26] a excellemment décrit en 1984 la force de cette rémanence : « La *Heimat* abrite, protège, réchauffe, offre la sécurité. Elle relie les générations et rapproche les voisins… Nous rêvons d'elle. La *Heimat* a son parfum : celui de la forge et du foin, des pommes de terre sous la cendre, du cuir, des gâteaux, des amandes grillées, des

---

Motherland. Roget's Thesaurus of English Words and Phrases. Londres, Penguin, 2011.

[23] *Epochen geselliger Bildung* (Époques de la formation sociale). Weimar, 1831 in J.W. Goethe : *Berliner Ausgabe. Kunsttheoretische Schriften und Übersetzungen,* Band 18, Berlin, 1960 pp. 458-460

[24] Theodor W. Adorno, *Amorbach.* Francfort, Suhrkamp, 1967 (trad. fr. éditions Allia, 2016)

[25] *So ist ihm Kindheit ein Deckname für Heimat geworden* / C'est ainsi que l'enfance est devenue pour lui le nom caché (le pseudonyme) de la *Heimat.*

[26] Christian von Krockow : *Heimat. Ein Begriff löst Wehmut aus.* (*Heimat*, une notion qui efface la tristesse). Die Zeit, 05.10.1984, p. 73. Non traduit.

filets de poisson fraîchement fumés et des oies farcies à la poméranienne ». La *Heimat* est bien un paradis perdu dont le nom seul, dit Vladimir Jankélévitch suffit à « mettre en branle le travail de la réminiscence et de l'imagination »[27]. « C'est le parfum de ma *Heimat* ! » s'écriait déja H. Heine à l'approche de la frontière, après treize années d'exil parisien, tandis que son cœur battait à tout rompre et que les larmes montaient à ses yeux[28].

Être né *quelque part* est d'une telle importance qu'A. Hitler (peintre autrichien raté, comédien refoulé et médiocre écrivain, appelé néanmoins pour d'autres raisons à une certaine notoriété) se croit tenu dès les premières pages de *Mein Kampf* d'évoquer les lieux de sa naissance[29]. Dans le chapitre intitulé *La maison familiale,* il parle de « l'amour qu'il porte à sa *Heimat* austro-allemande » pour l'opposer à sa « haine profonde à l'égard de l'Etat autrichien ». On retrouve cet attachement dans *Hitler in seiner Heimat*, une brochure d'une soixantaine de pages rédigée en 1938 par un thuriféraire du régime, qui narre le retour du Führer « au pays natal » au lendemain de *l'Anschluß*[30]. Textes et photographies montrent que ce voyage a baigné dans une grande émotion. Celle-ci ne culmine pas lorsque le chancelier se rend sur la tombe de

---

[27] Vladimir Jankélévitch : *L'irréversible et la nostalgie.* Paris, Flammarion, 1974, 392 p. (p. 341)

[28] « *Das ist ja meine Heimatluft !* » in H. Heine: *Allemagne. Un conte d'hiver…* ouvr. cité (chapitre IX et I)

[29] A. Hitler: *Mein Kampf. Eine kritische Edition.* München-Berlin, Institut für Zeitgeschichte, 2016, 2 vol., 1948 p. (Mein Kampf. Une édition critique) (en cours de traduction et d'adaptation aux éditions Fayard)

[30] Heinrich Hoffmann : *Hitler in seiner Heimat.* Berlin, Zeitgeschichte Verlag, 1938, 64 p. (Hitler dans sa *Heimat*). Non traduit. L'auteur est le photographe personnel d'Hitler. Cet ouvrage constitue avec *Hitler baut Großdeutshland* (Hitler construit la Grande Allemagne), les deux parties du recueil hagiographique *Hitler erobert das deutsche Herz* (Hitler conquiert le cœur allemand).

ses parents, mais lorsqu'il rencontre son ancienne maîtresse d'école. Il prend même une dimension mystique lorsque le chancelier pose sa main – c'est la photo de couverture de la brochure - sur le front d'un compatriote exalté. Du haut de sa voiture, son salut à la foule est alors empreint d'une onctuosité qui transforme le geste en bénédiction. Ce retour dans la *Heimat* fait du Führer un être enraciné, sensible au génie du lieu et porteur d'héritages qui font de lui un digne représentant de la *communauté du peuple* (*Volksgemeinschaft*)[31].

Presque toujours, c'est l'apprentissage de la langue, fort justement dite *maternelle*, qui fonde l'attachement à la *Heimat.* Ce peut être un accent ou même un dialecte comme l'alémanique, dont Martin Walser ne se déprend jamais complètement malgré les années et malgré ses efforts[32]. Langue « des poètes et des penseurs » (*der Dichter und Denker*) elle soude une communauté et élève les âmes. Devenue langue « des juges et des bourreaux » (*der Richter und Henker*), elle condamne et exclut[33]. Elle

---

[31] Sur la notion de *Gemeinschaft* (communauté) et l'opposition avec *Gesellschaft* (société) que l'on retrouvera à plusieurs reprises par la suite, on se réfèrera utilement aux travaux fondateurs de Ferdinand Tönnies (1855-1936). Dans *Gesellschaft et Gemeinschaft* (1887), il distingue deux formes de vie en groupe : la vie communautaire est soudée par l'affect (la famille, la tradition, la croyance) et laisse peu de place au libre arbitre. La vie en société est quant à elle fondée sur un choix, un « contrat social » pourrait-on dire, et laisse à l'individu la pleine liberté de ses engagements. Pour les nazis, la *Volksgemeinschaft* (communauté du peuple) étant la forme d'organisation de la société la plus « naturelle » et la plus « traditionnelle », est donc la plus souhaitable.

[32] Martin Walser : *Heimatkunde. Aufsätze und reden.* Francfort, Suhrkamp, 1968 (pp. 51-57) (*Heimatkunde. Ecrits et paroles).* Non traduit.

[33] Ces expressions sont plus couramment utilisées pour l'Allemagne tout entière. Elles sont attribuées, sans certificat de paternité, la première à l'écrivain Johann K.A. Musaüs (1735-1787) et la seconde à Karl Kraus (1874-1936), écrivain et dramaturge autrichien.

accompagne l'émigré sans bagages et sera pour lui l'essence même de la *Heimat*. Heinrich Heine, exilé à Paris après 1831, doublement étranger par le passeport et la langue se raccroche à elle : « J'avais autrefois une belle patrie (…)/Elle m'embrassait en allemand et en allemand prononçait/(on peine à imaginer/comme cela sonne bien)/les mots : Je t'aime/C'était un rêve »[34]. C'est ce qu'évoque également Ernst Toller, écrivain, poète et homme politique, exilé à Londres en 1933 et déchu peu de temps après de sa nationalité : « la langue allemande est une partie de moi-même, la patrie qui m'a nourri et où j'ai grandi »[35]. Pour tous ceux qui ont été contraints de la quitter, la langue est le substitut de la *Heimat*. Être privé de son usage sera une peine supplémentaire : Hanna Arendt, écrit Barbara Cassin, « n'est pas tant exilée de son pays, l'Allemagne, que d'une langue, l'allemand » et « c'est la langue maternelle, et non la terre de ses pères, qui constitue sa patrie »[36]. Cependant, on aura beau les priver de leur passeport, on ne pourra effacer de leur mémoire les mots avec lesquels ils ont grandi.

Une *Heimat* élective ?

Peut-on choisir une *Heimat* qui ne soit pas le pays de son enfance ? Dans la trilogie d'Edgar Reitz, cela paraît être le cas de l'installation de Clarissa et Hermann dans la

---

[34] « *Ich hatte einst ein schönes Vaterland (...) / Das küßte mich auf Deutsch und sprach auf Deutsch/ Man glaubt es kaum/ Wie gut es klang das Wort: Ich liebe dich! / Das war ein Traum* ». Heinrich Heine: *Neue Gedichte. In der Fremde III*), (Nouveaux poèmes. A l'étranger III) dans *Sämtliche Werke*, vol. 4. München, Hanser Verlag, 1968, (p. 370). (édition originale en 1844)

[35] Ernst Toller : *Eine Jugend in Deutschland.* Berlin, Rowohlt Taschenbuch, 1978 (1e éd. en 1933). (Trad. Française : Une jeunesse en Allemagne. Paris, L'âge d'homme, 1990.)

[36] Barbara Cassin : La nostalgie… ouvr. cité (p. 82 et 86)

maison Günderrode, au-dessus du Rhin. Le choix paraît d'autant plus raisonné qu'il est tardif dans leurs parcours de vie. Mais la nouvelle *Heimat* rapproche Hermann de Schabbach, son village natal, ce qui instille un doute. Il semble également possible de peut tomber amoureux d'une *Heimat* comme le montre le cas de Konrad Meiler, un des personnages du *Brandebourg* de Juli Zeh. Découvrant un peu par hasard le village de Unterleuten, il l'adopte d'emblée : « Un mot se répandit en lui : *Heimat*, terre natale. Il n'était pas né à Unterleuten, il n'avait pas de famille dans la région. Mais Unterleuten correspondait à l'image qu'on se faisait d'une terre natale ».[37] Sans doute faudrait-il cependant mettre à part le cas de la mer : une chanson de marins, très populaire en Allemagne depuis un demi-siècle affirme que la *Heimat* du matelot ne saurait être que la mer. Cela ne saurait résulter d'un libre choix[38] !

Si la *Heimat* est souvent confondue avec le lieu de naissance, d'autres types d'appartenances peuvent donc exister. La *Heimat* peut être la terre où reposent les siens, ceux que l'on aspire à rejoindre, quand bien même on les aurait quittés de longue date. C'est ce qu'évoque Eichendorff en 1833 en écrivant *Aus der Heimat* : « Du pays natal, derrière les éclairs rouge/Parviennent les nuages/ Mais Père et Mère sont morts depuis longtemps/Et

[37] Juli Zeh : *Brandebourg*. Arles. Actes Sud, 2017. Traduction de Rose Labourie. (Edition originale : *Unterleuten*. Munich, Luchterhand Literaturverlag, 2016). (p. 60). Ce coup de foudre sera cependant sans lendemain.

[38] *« Seemann, deine Heimat ist das Meer »* (Matelot, ta *Heimat*, c'est la mer). La chanson a été interprétée depuis 1959 par de nombreux artistes. On ne peut ici éviter de penser à l'adage en forme de jeu de mots selon lequel « ce n'est pas l'homme qui prend la mer mais la mer qui prend l'homme ».

personne ne me connaît plus là-bas »[39]. Le poème, mis en musique par R. Schumann, est si populaire qu'E. Reitz le fait chanter à deux reprises à Clarissa Lichtblau (l'actrice Salome Kammer) dans le même épisode de *Heimat*[40].

On peut donc choisir librement son ultime *Heimat* et, sauf imprévu, s'y faire enterrer. C'est ce dont témoigne l'historien Joseph Rovan. Né en Bavière, contraint à l'exil en France, résistant à Lyon, déporté à Dachau puis conseiller d'Edmond Michelet au Ministère de la Justice au lendemain de la guerre, il présente en 1993 sa magistrale *Histoire de l'Allemagne des origines à nos jours*, comme conçue « dans la fidélité à (son) père, né à Berlin, et à (sa) mère, née à Ratisbonne, issus tous deux de familles juives ».[41] Dans ses mémoires, parlant de sa *Heimat* adoptive, un hameau de la commune de Saint-Christophe-les-Gorges où il a pris femme et installé ses pénates, il précise : « Né Bavarois, je serai un peu Auvergnat par la tombe ». De fait, il y est enterré depuis juillet 2004[42].

Un autre jeune Allemand a vécu une expérience comparable. Réfugié en France à la veille de la guerre,

---

[39] *Aus der Heimat hinter den Blitzen rot / Da kommen die Wolken her / Aber Vater und Mutter sind lange tot / Es kennt mich dort keiner mehr.* Josef von Eichendorff (1788 - 1857): "*In der Fremde/ Aus der Heimat*", in *« Gedichte ». Ausgewählte Werke.* München, Neunzig, 1987.

[40] On trouvera la version chantée par Clarissa Lichtblau (Salome Kammer) dans *Heimat* 3 (musique de R. Schumann) sur le site https://www.youtube.com/watch?v=qhRWA9J_tLM

[41] Joseph Rovan : *Histoire de l'Allemagne des origines à nos jours*. Paris, Seuil, 2e éd., 1999 (p. 8).

[42] Joseph Rovan : *Mémoires d'un Français qui se souvient d'avoir été allemand.* Paris, Seuil, 1999 (p. 532). Le village est également mentionné dans la préface de son *Histoire de l'Allemagne des origines à nos jours* (ouvr. cité) mais une malencontreuse coquille y transforme le cimetière *cantalien* de Saint-Christophe-les-Gorges en cimetière *catalan.*

Gerhard Leo s'engage à 19 ans dans un réseau chargé du « travail allemand » (c'est-à-dire de l'information et de la démoralisation des soldats de la Wehrmacht) et ne perd « le sentiment de n'être nulle part chez lui » que lorsqu'il endosse le *nous* de la Résistance[43]. Revenu dans son pays, il devient membre de la *nomenklatura* du parti unique est-allemand, mais n'arrive pas à se déprendre de la France, sa *Heimat* d'adoption. Il s'y fait nommer correspondant du journal *Neues Deutschland* et put ainsi entretenir des années durant des relations suivies avec ses anciens camarades de la Résistance toulousaine et corrézienne. Au soir de sa vie, victime d'un accident vasculaire cérébral, il en oublie sa langue maternelle pour ne plus parler que français[44].

A l'inverse, la fidélité à la *Heimat* natale ne peut manquer d'étonner, comme le montre le cas d'Erich Honecker. Malgré sa cuirasse idéologique, le plus borné de apparatchiks de la RDA et le plus déterminé à construire « l'autre Allemagne », est en effet resté fidèle toute sa vie au village de Sarre où il vécut enfant[45]. Selon Norbert F. Pötzl, l'un de ses biographes, il l'évoquait si souvent que ses camarades « auraient été capables d'y conduire une visite guidée sur la seule base de ses

[43] Gerhard Leo : Edition originale : *Frühzug nach Toulouse.* Berlin, Nation, 1988. (*Un train pour Toulouse.* Paris, Messidor, 1989, traduction de Pierre Durand) (réédition en 2006)

[44] Son petit-fils raconte que, incapable de s'exprimer dans sa langue maternelle à la suite de cet accident, il est soigné par une orthophoniste francophone. Maxim Leo : *Haltet euer Herz bereit. Eine Ostdeutsche Familiengeschichte.* Munich, Karl Blessing Verlag, 2009. (Histoire d'un Allemand de l'Est. Arles, Actes Sud, 2009) (Traduction d'Olivier Mannoni)

[45] F.Honecker est né à Neunkirchen (Sarre), mais vécut toute son enfance et une partie de son adolescence à Wiebelskirchen, bourg voisin.

descriptions » ![46] En septembre 1987, en visite officielle en Allemagne fédérale, il demanda à revoir sa maison familiale (qu'occupait toujours sa sœur) et se rendit sur la tombe de ses parents. Il fut flatté d'être accueilli par le ministre-président du land Oskar Lafontaine comme un compatriote, « un Saarländer dirigeant les Prussiens et les Saxons ». Après la chute du régime, il fut cependant contraint de passer les dernières années de sa vie en exil à Santiago du Chili et fut en proie à la *Heimweh.* Mais celle-ci n'avait pas pour objet ou les beaux quartiers de l'Est berlinois ou l'enclave résidentielle du lac de Drewitz où s'élevait son pavillon de chasse, mais bien le modeste bourg de Wiebelskirchen en Sarre.

Quel que soit le choix final, l'ombre d'une *Heimat primordiale* flotte toujours au-dessus de chaque délibération. Cette *Urheimat* est celle dont on peut dire au soir de sa vie, quels qu'en aient été les errements, qu'elle est véritablement *sa Heimat.* Elle est le fruit d'une construction de longue haleine, d'une stratification de couches mémorielles. Est-elle exclusive ? Il y a une certaine présomption à l'affirmer, car, on le sait, le cœur de l'homme est vaste et sa capacité à embrasser incommensurable… Mais le dictionnaire *Duden* est tout à fait formel : en conclusion de l'article *Heimat,* il affirme : « Plural nicht üblich » (Pluriel non usité).

Heimatlos

En allemand, être *un Heimatlos* ou *heimatlos*, c'est n'avoir pas de *Heimat*[47]. Le terme (nom commun et

---

[46] Norbert F. Pötzl : Erich Honecker. Eine deutsche Biographie. Stuttgart, Deutsche Verlag Anstalt, 2002. (pp. 263-268)

[47] Si le substantif désigne de manière univoque le « sans-patrie » l'attribut a un deuxième sens plus faible, celui de *sans foyer ou sans toit.* C'est ce que chante Freddy Quin dans *Heimatlos:* « *Heimatlos*

adjectif) figure dans les principaux dictionnaires français[48] alors même que *Heimat*, dont il dérive, en est presque toujours absent ! Dans *le Robert*, *Heimatlos/heimatlos* est ainsi défini : « Apatride, en parlant des allemands (*sic*) ayant fui leur pays pendant la période nazie ». Cette définition paraît réductrice, voire inexacte : le terme est en effet avéré dès le 18e siècle et couramment utilisé au siècle suivant. D'autre part, pendant « la période nazie », on ne devenait pas *Heimatlos* en quittant son pays, mais le plus souvent *en étant déchu de sa nationalité ou privé de ses droits*[49]. A l'inverse, bien des opposants, déchus de leur nationalité, et donc *apatrides* au regard du droit, furent empêchés de quitter le pays et croupirent dès 1933 dans les prisons ou les camps nazis.

Dans le Petit Larousse, le terme est plus sobrement défini : « adj. inv. et n.m. (mot all.). Rare. Apatride ». On ne saurait être plus concis. Ni plus prudent, car, en français au moins, le terme est connoté, voire pollué. Jusqu'à la Seconde Guerre mondiale, *le Heimatlos*, ce fut en effet « le juif errant », sans sol et sans loi, *le Juif éternel (Der ewige Jude)* des films de la *Propaganda Staffel.* On croise par exemple ce personnage (Stavisky, en l'occurrence) chez Céline dans *Bagatelles pour un massacre (1937)*[50] : « On l'a intitulé turc, étranger perfide,

---

und einsam wie ich/ Keine Freunde, keine Liebe ». (Seul et sans foyer/ Pas d'amis, pas d'amour).

[48] Ce n'est pas le cas en anglais. *Heimat* et *Heimatlos* ne figurent dans aucun des dictionnaires unilingues consultés. Dans le Harrap's Anglais-Français (éd. 1980), *homeland* est traduit par *patrie* et par *où l'on a son chez-soi, sa famille.* Noter, par ailleurs, qu'un *homeless* n'est pas un *Heimatlos* mais un *sans-abri.*

[49] Pour ne prendre qu'un seul exemple : Hannah Arendt s'enfuit d'Allemagne en 1933, mais ne devint administrativement *Heimatlos* qu'en 1937 et le restera jusqu'à l'acquisition de la nationalité américaine en 1951.

[50] Louis-Ferdinand Céline : *Bagatelles pour un massacre.* Paris, Denoël, 1937. p. 62

métèque, espion oriental, aventurier polonais, coiffeur, *Heimatlos*, dentiste, parachutiste. Maquereau. Tabétique, terre-neuvas... n'importe quoi... pour égarer, divertir... mais jamais le mot propre JUIF... Pourtant ce n'était que cela... » Depuis lors, le terme est sorti de l'usage courant et, comme le dit le Petit Larousse, est devenu effectivement « rare ».

La figure du *Bodenlos* se superpose parfois à celle du *Heimatlos.* Mais si ce dernier est *sans patrie*, le *Bodenlos* est littéralement *sans sol*, c'est-à-dire sans racines. Dans le vocabulaire racialiste, être *bodenlos* est explicitement un déni, sinon une trahison, de ses origines[51]. On lui a souvent opposé la figure apaisante de l'arbre dont les racines s'enfoncent dans le sol nourricier d'où est issue sa lignée et d'où il est censé tirer sa force et ses vertus[52].

La fuite des *Heimatlosen* antinazis a souvent été présentée au lendemain de la guerre comme un exil doré, dans une amnésie de ce que furent par exemple les conditions de la mort de Walter Benjamin. Cette représentation était commode : elle permettait de déculpabiliser ceux qui ne purent quitter le pays ou décidèrent d'y rester, quand bien même ils durent s'y taire. Dans le débat sur *l'émigration intérieure*, qui opposa Frank Thiess à Thomas Mann en 1946, ceux-là ont pu revendiquer la perte d'une *Heimat* - et donc une égale dignité par rapport aux exilés - puisqu'aussi bien ils ont été exclus du fonctionnement normal de la société, contraints de s'isoler et de se taire pour survivre. Sans patrie dans la patrie, en quelque sorte.

---

[51] Aujourd'hui, la terreur atavique des sédentaires se fixerait plutôt sur deux autres archétypes du cosmopolitisme : le *Rom*, migrant gyrovague partout chez lui parce que nulle part enraciné, et le *trader* mondialiste dont la seule patrie est la finance.

[52] On notera que *lignée* est la traduction en français de *Stamm (pluriel Stämme)*, terme qui, curieusement, désigne aussi le tronc (de l'arbre).

Une telle acception, si elle était légitimée, pourrait être communément revendiquée par les femmes dans un monde où les règles sont fixées par les hommes et par toute minorité enfermée dans de pesantes traditions et incapable d'aller à l'encontre de choix culturels ou politiques qu'ils désapprouvent. Ce fut par exemple le cas des jeunes qui, au temps de la RDA, se réfugiaient sur le Bunkerberg de Friedrichshain pour boire et chanter en marge de la société policière[53]. Tous éprouvaient un lourd sentiment d'impuissance et de marginalisation. Ce retrait déboucha parfois sur un véritable exil géographique. C'est alors, à l'instant où l'on était « banni des pays des pères et des mères » comme le dit F. Nietzsche[54] que la *Heimat* prenait vraiment corps pour certains d'entre eux.

Le terme *Heimatlos* n'est plus guère utilisé aujourd'hui que pour certaines catégories de migrants. La télévision bavaroise (BR Fernsehen) titre *Haymatloz* un film d'Eren Önsöz (2015) sur les émigrés allemands ayant cherché refuge en Turquie dans les années trente. Les migrants récemment accueillis en Allemagne sont quant à eux communément appelés *Flüchtlinge (*réfugiés*) ou Asylbewerber (*demandeurs d'asile*).* Le péjoratif *Asylanten,* relevant du lexique du dénigrement et du rejet, n'est sciemment utilisé que par certaines catégories de personnes. Seuls les membres de diasporas, et singulièrement les Palestiniens, sont considérés *Heimatlos*, ce qui dit aussi quelque chose de la perception par les Allemands de la situation géopolitique au Proche-Orient.

---

[53] Wolf Biermann évoque le lieu dans sa chanson *Frühling auf dem Mont Klamott* (Printemps sur le mont Klamott). Pour en avoir une version voir : https://www.youtube.com/watch?v=OWT63jr1b9k

[54] « *Vertrieben aus Vater und Mutterländern* » in Friedrich Nietzsche : *Ainsi parlait Zarathoustra*. Traduction de P. Mathias, Paris, Flammarion, 1996 (p. 167)

Malgré les connotations du terme, un groupe de musique *hardcore* sévissant en France au début des années 1980 a porté ce nom après s'être appelé *Heimat, los !* (Assez de la *Heimat* !). La pochette de son premier disque, imprimée en noir et blanc dans une graphie *fraktur* (dite parfois *gothique*), est illustrée par un symbole se situant entre croix gammée et croix celtique. Elle porte le titre *Schlag* (le *coup*, du verbe *schlagen*, battre ou frapper), qui évoque la *schlague*, pratique qui en découle. On imagine mal qu'un groupe allemand puisse aujourd'hui porter un tel nom. Pas plus d'ailleurs que celui d'un autre groupe français sévissant à la même période, *Ludwig von 88*[55].

Dans leur écrasante majorité, les Allemands revendiquent leur appartenance à une *Heimat.* Il en est cependant quelques-uns pour qui la *Heimat* est un lieu qu'il faut savoir quitter, un ensemble de liens et d'attaches qu'il faut savoir rompre sous peine de ne jamais rien inventer. Il est néanmoins loin le temps où un Nietzsche pouvait s'affirmer « sans patrie » (*Heimatlos*) et dire des *Heimatlosen* qu'ils étaient « les enfants de l'avenir »[56].

---

[55] Le nombre désigne ici l'année 1988. Mais la huitième lettre de l'alphabet étant le H, son doublement, pour ceux qui l'ignoreraient, pourrait aussi signifier *Heil Hitler* dans la crypto-langue extrémiste.

[56] Friedrich Nietzsche : *Le Gai savoir*. Paris, Mercure de France, 1930 (18e éd.) (pp. 374 et 376). F.Nietzsche intitule l'un de ses poèmes « Ohne Heimat » (Sans Heimat) pour éviter la part de nostalgie, voire de déploration, contenue dans Heimatlos.

2.
Heimatisation

La *Heimatisation* est définie par l'historien suisse François Walter comme un processus de « surinvestissement symbolique » qui confère à la *Heimat* des caractères exceptionnels et la transcende en *petite patrie*[57]. Quelle qu'en soit la taille dit-il, elle devient alors remarquable par l'originalité de sa langue, de son climat, par les spécificités de son organisation sociale et les caractères remarquables de ses paysages. Ce processus, et plus largement la diffusion du thème de la *Heimat,* est intervenu dans un contexte historique marqué sur le plan politique par le morcellement territorial de l'Allemagne et au plan culturel par l'essor du mouvement romantique. Dans ce sens au moins, il est apparenté au renouveau politique et culturel intervenu au cours du XIXe siècle en Europe.

Le morcellement territorial (*Kleinstaaterei)*

Le morcellement territorial et la prolifération de micro-souverainetés (*die Kleinstaaterei*) sont des caractéristiques bien connues de l'histoire politique de l'Allemagne. Ils ont longtemps retardé la prise de conscience nationale et amplifié et durablement entretenu le sentiment de

[57] François Walter : *Allemagne-France. Des paysages nationaux improbables* dans H. Miard-Delacroix, G. Garner, B. von Hirschausen : Espaces de pouvoir, espaces d'autonomie en Allemagne. Lille, Septentrion, 2009, 260 p. (pp. 67-91)

déracinement. Selon Joseph Rovan[58], « l'anarchie princière » et « l'impuissance impériale » ont favorisé une « l'affirmation des républiques citadines ». La paix d'Augsburg, qui entérinant en 1555 le schisme religieux luthérien et permittant l'application du principe *Cujus regio, ejus religio,* avait contribué à figer des fractures anciennes entre territoires d'obédiences différentes. La guerre de Trente Ans et les traités de Westphalie avaient aggravé encore après 1648 ce morcellement. En 1802, on comptait ainsi près de 360 états (*Stände*) sur le territoire allemand : comtés, villes libres, principautés laïques ou duchés, principautés ecclésiastiques, abbayes d'Empire et même un ordre souverain (celui des chevaliers teutoniques) et des dizaines d'autres structures de pouvoir ayant une base territoriale. F. Hegel (1770-1831), qui rédigeait alors les dernières notes de *La Constitution de l'Allemagne* a pu justement écrire : « L'Allemagne n'est plus un Etat » (*Deutschland ist kein Staat mehr)*[59]. Dans ces conditions, l'appartenance politique ne pouvait se faire que sur la base d'une reconnaissance des pouvoirs locaux. Cela favorisait la cohésion de communautés de petite taille et les relations entre communautés proches.

Les exhortations de J.G. Fichte (1762-1814) dans ses *Discours à la nation allemande* (1807/1808) et le « sursaut national » de 1814 qui marqua le point culminant de la guerre de résistance à la France n'y changèrent pas grand-chose. Il fallut attendre les révolutions de 1848 pour voir apparaître les prémices d'un véritable patriotisme allemand. Mais l'élection d'un empereur et l'existence de

---

[58] Ces expressions sont de Joseph Rovan : *Allemagne*. Paris, Seuil, coll. Petite planète, 1960 (p. 6) (édition originale en 1955).

[59] Friedrich Hegel : La Constitution de l'Allemagne *in Ecrits politiques*. Paris, Champ libre, 1977. Textes réunis par Kostas Papaionnou, traduction de Michel Jacob (pp. 21-181). (Edition originale *Die Verfassung des deutschen Reichs* en 1913).

quelques *Stände* étendues (Autriche, Bavière, Prusse, Saxe, Würtemberg…) n'empêchèrent pas l'Allemagne de rester jusqu'au dernier tiers du XIXe siècle un conglomérat informe de territoires. L'action de Bismarck elle-même aboutit certes aux victoires de Sadowa sur l'Autriche et de Sedan sur la France, mais participait plus de l'affirmation de la Prusse que de la construction d'une nation allemande. Il fallut attendre la fin du XIXe siècle pour que s'épanouisse un véritable sentiment national.

Cette absence d'unité politique conforta un régionalisme exacerbé (*Lokalpatriotismus*). Il était renforcé, selon le géographe Friedrich Ratzel, par *« l'entrecroisement des diagonales montagneuses »* qui vont de la Forêt Noire à l'Erzgebirge et des Monts de Bohême au Danubequi cloisonnait le pays[60]. A défaut d'une grande patrie, chacun se repliait donc sur sa *petite patrie*. Ce morcellement fut particulièrement fort dans le sud et l'ouest de l'Allemagne, régions qui seront à la fin du siècle des terres privilégiées de la littérature de *Heimat*.

Une construction romantique

Il est curieux de noter que l'essor du romantisme a épousé les grandes phases de cette difficile construction politique, de la naissance du *Sturm und Drang* et la publication des *Souffrances du jeune Werther* à la fin du 18e siècle aux poèmes d'Heinrich Heine, un demi-siècle plus tard. Dans la plupart des œuvres romantiques se retrouvent des thématiques qui doivent beaucoup au contexte politique : si l'on fait abstraction de l'omniprésence de la nature, ce sont bien l'instabilité, le

---

[60] Friedrich Ratzel : *La géographie politique. Les concepts fondamentaux*. Paris, Fayard, 1987. Choix de textes et traduction de l'allemand par François Ewald. Avant-propos de Michel Korinman (p. 15)

déracinement, l'arrachement à la famille et au territoire qui sont les thèmes récurrents de la littérature, de la musique et de la peinture romantiques.

Comme la *Heimat* est par excellence le royaume de l'enfance, c'est-à-dire un temps et un lieu indissolublement liés, la douleur de cette perte est inévitable et universelle. A l'instar d'Ulysse, l'homme qui grandit et voyage est donc « un homme de douleur », au point que l'évocation de *la Heimat* donna naissance à un véritable *pathos* dont le syndrome majeur était le *Heimweh* (le mal du pays) et la *doloris causa* la fuite des ans et l'éloignement[61].

C'est, imagine-t-on, ce double sentiment d'éloignement dans le temps et l'espace (*Zeit/Weit*) qu'éprouve le randonneur de Caspar David Friedrich contemplant les sommets voilés de brume de l'Erzgebirge. Le tableau pourrait illustrer la « tragédie du voyage »[62] séparant le héros romantique des siens en le coupant de ses racines. « Tragédie », car le voyage n'est pas une expérience objective (*eine Erfahrung*), que l'on pourrait partager, mais une expérience personnelle (*ein Erlebnis*, un vécu), indicible et inaccessible à l'autre. Jusqu'au tournant réaliste du milieu du XIXe siècle, il n'est jamais loin de la résignation et de la mort. Dans *Die Winterreise* (Le

[61] Il suffit pour s'en convaincre de relever le dernier vers de chacune des strophes de *In der Fremde/ Ich hör die Bächlein* de J. Eichendorff : v.4 : « Je ne sais point où je suis » (« *Ich weiß nicht wo ich bin* »), v.8 : « ...du bon vieux temps » (« *Von der alten, schönen Zeit* »), v.12 : « ... et il est si loin d'ici » (« *...und ist doch so weit von hier* »), v. 16 : « ...et il est mort depuis longtemps » (« *...und ist doch lange tot* »). J. Eichendorff : *Gedichte...,* ouvr. cité.

[62] Caspar David Friedrich : *Der Wanderer über dem Nebelmeer* (Le voyageur au-dessus de la mer de nuages), (1818) Huile sur toile 75x95 cm, Kunsthalle, Hambourg. On attribue à David d'Angers la formule « C'est l'homme qui a découvert la tragédie du voyage » à propos de Caspar David Friedrich.

voyage d'hiver, 1827) Wilhelm Müller proclame ainsi : « Je dois suivre un chemin dont personne n'est revenu »[63]. Le *Wanderer* (le *voyageur,* mais aussi, littéralement *celui qui erre*) est donc le héros romantique par excellence : éloigné de sa *Heimat* il ne peut que chuter dans la solitude et le désarroi.

Il y a cependant des degrés dans cette chute. Le *Taugenichts (Le Propre-à-rien)* d'Eichendorff (1826), abandonne la maison paternelle et prend la route en chantant, violon sous le menton, mais ne souffre guère : son *Heimweh,* comme l'écrit Barbara Cassin, est « un sentiment doux et envahissant, une fiction choisie, adorable, humaine, un fait de culture »[64]. Parfois la douleur tarde à se réveiller, comme chez H. Heine qui n'en prend conscience qu'au soir de sa vie : « - Mais, dis, d'où te vint la pensée,/De retourner en nos climats/Quand la saison est avancée/Et proche l'heure des frimas. /-Tout en ayant belle apparence/De santé, je me trouvai pris/Par une secrète souffrance.../Et c'était le mal du pays ».[65] Mais en général le héros romantique est dolent et situe fort bien l'origine de sa douleur : « Par malheur, la *Heimat* t'est devenue étrangère » (*Leider ist die Heimat zur Fremde dir geworden*) dit-on dans le *Wilhelm Tell* (1804) de F. Schiller.

---

[63] *« Eine Strasse muss ich gehen/ Die noch keiner ging zurück »* in Wilhelm Müller: *Die Winterreise* (16. *Der Wegweiser*) (Le voyage d'hiver, 16. Le poteau indicateur). Zurich, Diogenes, 2005, 96 p.

[64] Barbara Cassin : *La nostalgie...* ouvrage cité, p. 12

[65] *« Doch sprich, wie kam der Gedanke dir, / Zu reisen nach dem Norden/ In solcher Jahreszeit ? Das Wetter ist/ Schon winterlich geworden! / (...) Es ging mir äußerlich ziemlich gut, / Doch innerlich war ich beklommen, / Und die Beklemmnis täglich wuchs / -Ich hatte das Heimweh bekommen »*. Heinrich Heine: *Allemagne, un conte d'hiver*. Paris, Ed. Ressouvenances, 1986, chap. XXIV. (Traduction de Maurice Pallison).

A la différence du spleen, de la *saudade* ou de l'angoisse, cette algie sait l'origine de son mal et surtout connaît le moyen de le combattre : le *nostos* (le retour)[66]. Comme les montagnes ont un versant ensoleillé au revers de l'ombrée, le *Heimweh* a donc son pendant lumineux : c'est le *Heimkunft* (le retour). A l'approche du pays natal, l'exaltation gagne ainsi F. Hölderlin : « C'est le lieu où je suis né, le sol de la *Heimat* /Ce que tu cherches est proche et vient à ta rencontre » [67]. Les paysages connus se projettent en lui tandis que se resserrent les liens avec les lieux aimés : « Revenir chez moi, où les chemins en fleurs me sont familiers/Là, parcourir la campagne et la belle vallée du Neckar /Ainsi que les forêts, le vert des arbres sacrés/Où les chênes s'associent aux hêtres et aux paisibles bouleaux/Et dans les monts un village me fera amicalement prisonnier »[68]. Le *nostos* est donc, comme l'écrit Sylvain Tesson à propos des tribulations d'Ulysse[69], « un retour à soi, en soi, chez soi » avec ce que cela comporte d'autosuggestion et de narcissisme.

---

[66] Barbara Cassin rappelle que si le mot nostalgie « sonne parfaitement grec » il a probablement été inventé au 17e siècle pour désigner le *Heimweh*, maladie dont souffraient les gardes suisses de Louis XIV. Elle les amenait à déserter en entendant « le ranz des vaches », le chant des alpages du pays natal… Barbara Cassin *: La nostalgie…* ouvr. cité, p. 17).

[67] « *Das Geburtsland ists, der Boden der Heimat/ Was du suchest, es ist nahe, begegnet dir schon* » Friedrich Hölderlin: *Heimkunft. An die Verwandten... Ouvr. cité…* (str.4)

[68] « *Heim zu gehen, wo bekannt blühende Wege mir sind/ Dort zu besuchen das Land und die schönen Täler des Neckars/ Und die Wälder, das Grün heiliger Baüme, wo gern/ Sich die Eiche gesellt mit stillen Birken und Buchen/ Und in Bergen ein Ort freundlich gefangen mich nimmt* » Id. *(str. 5)*

[69] Sylvain Tesson : Un été avec Homère. Paris, Ed. des Equateurs / France Inter, 2018 (p. 88)

Mais souvent, malgré le retour, le mal du pays subsiste... C'est ce qu'exprime W.G.Sebald[70] dans *Austerlitz*, son ultime roman, en décrivant la longue quête d'identité d'un enfant juif. Echappé de Prague à la veille de l'apocalypse nazie grâce aux « convois d'enfants », il est tenaillé par le mal des origines. Mais lorsqu'il parvient enfin à revenir sur les lieux de son enfance, errant dans les rues d'une ville méconnaissable, il ne peut renouer avec son passé. Du « mal du pays », le pays a disparu. Ne reste pour lui que le mal. La *Heimweh* est alors cette « intraitable mélancolie » qu'évoque Ernst Jünger[71], « ce souvenir des temps heureux enfuis sans retour, ce sentiment que nous n'avons pas eu notre pleine mesure de vie et d'amour » et que « quelque chose de plus impitoyable que l'espace nous tient éloignés d'eux ». Elle n'est effectivement plus affaire de distance, mais de temps. C'est que, écrit V. Jankélévitch, si « on peut toujours revenir à son point de départ, à son lieu natal, il est impossible de redevenir celui qu'on était au moment du départ »[72].

La connaissance de la Heimat (Heimatkunde)

Parce qu'elle est un territoire, un produit de l'histoire et de la littérature, la *Heimat* a très tôt constitué un objet de connaissances et a donné naissance à une approche spécialisée, la *Heimatkunde.* Le terme, formé à partir de *kund* (connu), se situe entre *science* et *enseignement.* Employé par exemple dans *Erdkunde* (littéralement, la science de la terre, i.e. *la* géographie*)* il désignait à la fois

---

[70] W.G. Sebald : Austerlitz.Arles, Actes Sud, 2002.

[71] Ernst Jünger : *Sur les falaises de marbre.* Gallimard, 1942 (p. 7) Traduction d'H. Thomas

[72] Vladimir Jankélévitch : *L'irréversible et la nostalgie*... ouvr. cité (p. 340)

un domaine du savoir et une discipline d'enseignement. La *Heimatkunde* est donc l'ensemble des connaissances produites à propos de la *Heimat* par la recherche (*Heimatforschung*) et la discipline enseignant ces savoirs (*Heimatunterricht ou Heimatlehre*)[73].

La *Heimatkunde* a pu s'appuyer dès l'origine sur une floraison d'ouvrages (les *Heimatbücher* ou livres de *Heimat*), qui couvraient à peu près tous les domaines. Le plus gros de la production concernait cependant l'histoire (*Heimatgeschichte*) et la géographie locales (*Erdkunde).* Très à la mode sous l'empire wilhelminien, ces ouvrages se s'étaient multipliés sous la république de Weimar. Ils s'apparentaient à des chroniques locales ou à des monographies rédigées le plus souvent avec soin par des érudits locaux à des fins scientifiques ou pour servir de compendium. La plupart dénotaient une connaissance intime du milieu naturel et de l'histoire locale et faisaient presque toujours l'éloge des valeurs paysannes et du bon sens populaire.

Lorsqu'ils étaient rédigés par des enseignants à des fins pédagogiques, ils pouvaient se comparer à ce que l'on appelle aujourd'hui des « études du milieu local ». Mais le plus souvent, il s'agissait d'une découverte amoureuse de la *petite patrie*, prélude à l'exaltation de la grande. Œuvres de documentation ou d'imagination, les *Heimatbücher* se réclamaient d'un régionalisme modéré et n'allaient jamais à l'encontre de la conscience nationale. A l'instar de l'ouvrage d'Heinrich Sohnrey et Ernst Löber *Das Glück auf dem Land* (Le Bonheur à la campagne, 1906) ils exaltaient le retour à la terre et les vertus de l'enracinement. Le premier auteur, dans sa revue *Das Land* (La Campagne), présentait d'ailleurs l'exode rural comme le signe avant-coureur de la « mort du peuple »

[73] G.Wahrig : *Deutsches Wörterbuch.* München, Bertelsmann Verlag, 2002. On conserve dans ce chapitre et le suivant cette bivalence.

(*der Volkstod*), idée que l'on retrouvait fréquemment sous la plume des écrivains de l'entre-deux-guerres et jusque dans l'œuvre d'un Martin Heidegger.

Destinés à un autre type de public, les *Heimatromane* (romans de *Heimat*), étaient également très à la mode jusqu'à la Seconde Guerre mondiale. Eux aussi étaient en prise avec les réalités locales et en montraient toute la prégnance, à la fois comme écosystème (surtout s'agissant de la montagne ou de la forêt) et comme société. *Thomas*, roman à succès de F. Merkenschlager[74], décrivait par exemple avec beaucoup de précision, le Jura franconien. C'est dans ce cadre que le héros file un parfait amour avant d'être appelé à la guerre, laissant derrière lui une mère et une femme éplorées qui reprennent cependant courageusement l'exploitation de la ferme.

A côté des romans de *Heimat*, il existait également une poésie de *Heimat* (*Heimatdichtung*) qui rimaillait des vers pastoraux, parfois mis en musique pour les besoins des *Heimatlieder* (chants populaires). Tous racontaient des chassés-croisés amoureux sur fonds villageois, sans jamais s'écarter des règles proscrivant tout écart exogamique. Ils s'opposaient explicitement à la « littérature décadente » illustrée par le symbolisme et le naturalisme, valeurs considérées comme éminemment urbaines et subséquemment perverties.

La *Heimatkunst* (l'art de la *Heimat*) avait de son côté des visées plus esthétiques et normatives. Friedrich Lienhard (1865-1929) et Adolf Bartels (1862-1945) en

---

[74] Friedrich Merkenschlager : *Thomas. Ein Lebenslied von Steinen, Blumen und von der Liebe*. Nuremberg, Lorenz Spindler, 1939 (Thomas. Le chant vital des pierres, des fleurs et de l'amour). Non traduit. Réédition en 2008 par le *Heimatverein Georgensgmünd* (association locale de Georgensgmünd). Les nouvelles et les poèmes du même auteur ont également pour cadre le même petit pays de Georgensgmünd situé à une quarantaine de kilomètres au sud de Nuremberg et magnifient pareillement les vertus d'un peuple enraciné.

sont les pionniers. Leur revue *Heimat* (qui devint *Deutsche Heimat* en 1905) étudiait et faisait la promotion des toutes les œuvres (peinture, sculpture, architecture) d'inspiration régionaliste ou simplement traditionnelle. Ce courant avait dans le même temps développé une critique de la civilisation industrielle héritée du « Mammon capitaliste ». Il exprimait une détestation de la ville considérée comme un lieu de perdition et faisait l'éloge de la province et de la campagne en opposant sommairement le *sain (gesund)* et le *maladif (krank).* Ses principaux animateurs étaient également très sensibles au rôle exemplaire de grandes personnalités artistiques comme Rembrandt[75]. Ils soutenaient l'idée d'une « Renaissance allemande » qui ne pourrait cependant advenir qu'une fois que le pays débarrassé de l'influence juive.

De la *Heimatkunde* de la fin du siècle et de l'avant-guerre subsistent aujourd'hui encore des *Heimatstuben*, petits musées locaux où s'est accumulé tout un bric-à-brac d'objets de la vie quotidienne : costumes folkloriques et autres vêtements, meubles et d'outils, livres et tableaux[76]. Mais, somme toute, la *Heimat* des *Heimatbücher* et de la *Heimatkunst* n'est rien d'autre que le nom donné, en ces temps de crise sociale et culturelle et de désordre politique, à des aspirations platement familiales et bourgeoises : la moralité (*die Sittlichkeit*) et l'ordre (*die Ordnung*), dans le respect indistinct des héritages.

Ces visions, plus rétrogrades que régionalistes, n'eurent paradoxalement guère d'écho dans le domaine linguistique. La *Heimatkunde* ne fit en effet que rarement

[75] Le *Rembrandt als Erzieher* (Rembrandt éducateur) de Julius Langbehn paru chez Hirschfeld à Leipzig en 1890 connut un succès phénoménal dès sa publication.

[76] Au lendemain de la seconde Guerre mondiale de nouvelles *Heimatstuben* viendront s'y ajouter : celles, sans lien avec le territoire où ils résident, des réfugiés et expulsés des territoires détachés du Reich.

la promotion des nombreux dialectes régionaux en usage en Allemagne. Bien au contraire, certains romans populaires, truffés de mots empruntés à la vie quotidienne et aux langues vernaculaires, furent retranscrits dans un *allemand standard (le Mittelhochdeutsch)* qui n'était jusque-là utilisé que par les élites citadines. Cette pratique contribua incontestablement au succès de la normalisation orthographique réalisée par le Ministère prussien sous l'égide de Conrad Duden en 1880 et que renforça la réforme de l'orthographe de 1900[77]. A travers les progrès de l'enseignement scolaire, elle s'imposa progressivement à toute l'Allemagne, déclassant les langues régionales jusqu'à les ravaler au statut de patois. La *Heimat* ne fut guère que l'ultime et fragile conservatoire de cette diversité linguistique.

L'enseignement de la *Heimat (Heimatlehre)*

Le thème de la *Heimat* ne se serait pas imposé auprès des diverses couches de la population sans une vulgarisation pédagogique réussie. De fait, sous l'égide de pédagogues comme Wilhelm Harnisch (1767-1864), l'étude de la *Heimat (Heimatkunde*) fut très tôt considérée comme une discipline scolaire de première importance. Au lendemain de la *Révolution de Mars* (1848) Ferdinand

---

[77] Cette modernisation orthographique sera complétée en 1941 par l'obligation d'utiliser la graphie *Antiqua* dans l'administration, la presse et l'édition. Dans une circulaire du 3 janvier, Martin Bormann, chef de cabinet d'A. Hitler, affirma que la « soi-disant graphie gothique » (*Rotunda* ou *Rundgothisch*) jusque-là en usage et soutenue par le mouvement völkisch, était en fait, comme la graphie Fraktur, une variante de la graphie Schwabacher d'origine juive. Pour le Führer, il s'agissait surtout de simplifier les caractères d'imprimerie pour faire de l'allemand la langue de l'Europe dans le siècle à venir. Silvia Hartmann : *Fraktur oder Antiqua. Der Schriftstreit von 1881 bis 1941.* Frankfurt a. M. Lang, 1998. (*Fraktur* ou *Antiqua.* La querelle des graphies, de 1881 à 1941). Non traduit.

Stiehl (1812-1878) imposa une certaine normalisation de cet enseignement (les Stiehl *Regulationen* de 1854) et August Friedrich Finger (1808-1888) la réorganisa en trois niveaux d'apprentissage, correspondant à des classes d'âge entre 6 et 10 ans. La *Heimatkunde* occupa dès lors une place importante au sein des disciplines d'éveil[78] dans les programmes d'enseignement des *Grundschule* et *Volkschule.* Les instructions officielles suggéraient fortement d'étudier « l'espace proche (die *Umgebung*) dans ses dimensions topographiques, physiques et (partiellement) politiques (ou anthropologiques) » dès les premières années de l'enseignement primaire. Il s'agissait dans les faits d'une préparation à l'enseignement de la géographie donné dans les cycles suivants.

Une analyse des textes régissant cet enseignement en montre les fondements didactiques et surtout les visées : affirmer la symbiose entre un peuple et son environnement[79]. En géographie, l'étude du paysage (c'est-à-dire essentiellement d'un environnement anthropisé) eut donc la priorité : il s'agissait de montrer la continuité et l'efficacité de l'action du *Volk* sur son territoire. Un objectif presque identique à celui de l'Histoire était visé : promouvoir « l'attachement à la terre » (*Bodenverbundenheit*). On y ajoutait l'acquisition d'un « sens géographique » qui n'était rien de plus, à ce niveau, qu'une compréhension de la topographie, et la maîtrise de quelques termes permettant de décrire les paysages. L'histoire, qui, comme en France, n'était pas dissociée de cette approche, privilégiait un « roman

---

[78] Celles-ci sont souvent appelées *Anschauungsunterricht ou enseignement par l'observation (littéralement : une vision, une interprétation) de l'espace environnant.*

[79] Friedrich August Finger: *Anweisung zum Unterricht der Heimatkunde*, Berlin, Weidemansche Buchhandlung, 1844 (Instructions pour l'enseignement de la *Heimat*). Non traduit

national » construit à grand renfort de contes de fées et de légendes (*Märchen und Sagen*) pour les plus petits et de récits exaltant l'héroïsme germanique (*Heldensagen*) pour les plus grands. Il s'agissait, disaient les instructions officielles, de développer « le sentiment d'un enracinement spirituel » (*geistiges Wurzelgefühl* ») à l'aide, dans la mesure du possible, d'exemples pris dans un cadre familier aux élèves. Ces approches et les conceptions qui les sous-tendaient traversèrent les ans sans subir de grandes mutations. La tentative faite par le pédagogue et réformateur brêmois Fritz Gansberg (1871-1950) pour inclure les villes et les métropoles dans l'approche de la *Heimat* (la *Großstadtheimatkunde*) se heurta à l'inertie du système et aux oppositions du courant *völkisch* et resta sans lendemain.

La création des *Heimatschulen* à la fin du XIXe siècle ajouta à l'enseignement des *Heimatkunden* une nouvelle dimension. De statut privé, ces écoles étaient presque toujours situées à proximité d'un village et d'une ferme, ce qui leur permettait d'associer des enseignements pratiques aux contenus théoriques des programmes. Hermann Lietz (1868-1919) fonda la première d'entre elles en 1898 près d'Ilsenburg en Saxe et une dizaine d'autres dans les années suivantes. Walter Benjamin adolescent étudia dans celle de Haubinda en Thuringe. Comme elles comprenaient généralement un internat, elles étaient généralement plus connues sous le nom *d'écoles-foyers à la campagne* (*Landerziehungsheime*).

Des écoles à pédagogie « alternative » virent également le jour : Marienau en Basse-Saxe, Salem dans l'ancienne abbaye de Lindau, sur les berges du lac de Constance ou encore *l'Odenwaldschule Oberhambach (OSO)* près de Darmstadt que fondèrent Paul et Edith Geheeb, avec le soutien de la famille Cassirer dont cette dernière était membre. Par opposition à « l'éducation bigote », la plupart de ces institutions prônaient une « libération des corps » à travers des exercices gymniques parfois pratiqués nus. Elles inculquaient à leurs élèves un nationalisme revanchard et les préparaient physiquement à l'action par des marches, des tournois sportifs et des courses d'orientation. Certaines, comme la *Freier Schulgemeinde Wickersdorf* promue par Gustav Wyneken (1875-1964), étaient situées à proximité d'un massif forestier et organisaient des chantiers de reboisement pour renouer avec les mythes fondateurs d'une humanité germanique surgie armée des bois pour vaincre l'envahisseur romain.

Dans un premier temps, comme dans le mouvement de jeunesse, la présence des Juifs dans ces écoles ne fit pas problème. Kurt Hahn, le directeur de celle de Salem, fondée par le prince Max de Bade, n'était-il pas lui-même d'origine juive ? Il présenta les principes de l'enseignement dispensé dans de nombreux articles et discours[80]. Une place importante y était accordée à l'expérience vécue et à la responsabilité de l'élève, mais le pédagogue faisait aussi l'éloge d'une société hiérarchisée dans laquelle l'enseignant se comportait en *Führer* conduisant une *famille* d'élèves dont il assurait la formation intellectuelle et morale ainsi que la préparation physique. Pourtant, si l'Odenwaldschule de la famille Cassirer accueillait assez libéralement des rejetons de la bourgeoisie juive de Rhénanie[81], la présence de ceux-ci fut considérée dans la plupart des écoles comme inutile et parfois pernicieuse. En application des préjugés de

[80] Ils sont en partie assemblés dans Kurt Hahn: *Erziehung zur Verantwortung*. Stuttgart, Klett Verlag. 1958 (Education à la responsabilité). Non traduit. K. Hahn sera arrêté en 1933 et brièvement interné avant de s'exiler en Ecosse.

[81] L'Odenwaldschule, qui comptait 200 élèves en 1930 dut fermer ses portes en 1934 et se transporter en Suisse avec une équipe réduite et une poignée d'élèves. Réouverte au lendemain de la guerre, elle a fermé ses portes à la fin de l'année scolaire 2014-2015.

l'époque, les Juifs étaient présentés comme imperméables à l'enseignement des valeurs du *Volk* et rétifs aux appels à défendre la *Heimat.* Aussi, à Berlin, à Leipzig comme à Posen et en bien d'autres lieux, ils furent refusés dans certaines *Heimatschule,* bien avant que la République ne sombre sous les assauts nazis.

L'enseignement de la *Heimatkunde* dans le primaire et celui délivré dans les *Heimatschule* avaient une même finalité : faire de « l'éveil de l'amour de la *Heimat* » (*die Weckung der Heimatliebe*) le levain de celui de la communauté du peuple *(Volksgemeinschaft*) au sein d'un Etat défini comme « l'Etat germanique de la Nation allemande »[82]. En popularisant le thème du déracinement (*die Entwürzelung*) et de l'absence de *Heimat* (die *Heimatlosigkeit*) ils participèrent efficacement à la promotion d'une *Heimat* qui se confondit de plus en plus avec la patrie (*das Vaterland).* Dans les dernières décennies du XIXe siècle et jusqu'à la Première Guerre mondiale, le sentiment national (*Volksgeist)* progressa donc dans tout le Reich. Les particularismes régionaux s'atténuaient. Pourtant, lorsqu'ils défilèrent à Berlin, à l'automne 1914, les grenadiers du 2e régiment de la Garde, dont les recrues étaient originaires de l'Est du Reich, entonnèrent non pas un hymne nationaliste ou un chant martial, mais le *Schlesierlied*, un chant nostalgique dont le refrain évoquait la petite patrie plutôt que la grande : « Nous nous reverrons, ma Silésie/Nous nous reverrons, mon petit pays » [83]. A côté du drapeau impérial frappé de

---

[82] Beate Blasio : *Entwicklungstendenzen der Inhalte des Sachunterrichts* (Evolution des contenus de l'enseignement des disciplines d'éveil) (non traduit). Bad Heilbrunn, Julius Klinhardt, 2004, pp. 304 et ss. L'auteur signale que cette formulation se retrouve presque à l'identique dans les instructions officielles données en 1967 aux enseignants de la RDA.

[83] „*Wir sehn uns wieder, mein Schlesierland/ Wir sehn uns wieder, mein Heimatland*". Le *Schlesierlied* sera également une chanson de

l'aigle prussien le fanion de la *Heimat* continuait malgré tout de flotter, preuve de la vitalité de la *petite patrie*.

La protection de la *Heimat (Heimatschutz)*

Cette vitalité, la *Heimat* la devait sans doute au développement tardif, mais spectaculaire du *Heimatschutz* (« défense, ou protection, de la *Heimat* »). Le terme semble avoir été créé dès 1897 par le musicien Ernest Rudorff (1840-1916),[84] mais c'est la fondation en 1904 du *Deutcher Bund Heimatschutz* (Ligue allemande pour la protection du patrimoine) qui lui donna une existence officielle en même temps qu'un contenu politique.

Non seulement le *Heimatschutz* faisait une large place à la protection du patrimoine naturel, comme en attestaient les réflexions de E. Rudoff,[85] mais se souciait également de la préservation du patrimoine bâti et des arts et traditions populaires : costumes folkloriques (*Trachtenanzüge*), savoir-faire artisanaux, spécialités gastronomiques ou, Ernst Rudorff étant de la partie, musiques régionales. Il s'agissait en premier lieu de définir des critères de qualité puis de déterminer des axes

---

marche de certains corps de fantassins de la Wehrmacht. (https://www.youtube.com/watch?v=jOHBWbJq1VA). Il est chanté aujourd'hui encore par des groupes folkloriques et les membres d'associations d'expulsés.

84 Ernst Rudorff : *Heimaschutz*. Sankt Goar, Reichl Verlag, 1994 (Première édition en 1897). Non traduit. A noter que la Deutsche Bundespost a édité en 1990 un timbre à son effigie sur lequel il est honoré du titre de *Begrunder des Naturschutzes* (Fondateur de la protection de la nature). *Heimatschutz* pouvait aussi être entendu comme « sécurité intérieure » ou « défense du territoire », mais ce caractère martial n'est devenu prégnant qu'au cours de la première Guerre mondiale.

85 Ernst Rudorff : *Über das Verhältniss des modernen Lebens zur Natur* (A propos des effets de la vie moderne sur la Nature), Grin Verlag, 2017, 27 p. (édition originale en 1880). Non traduit.

d'intervention pour corriger *(pflegen)* d'éventuelles dégradations. Cette dernière intervention était l'objet spécifique de la *Heimatpflege* (ou aménagement de la *Heimat*).

Parce qu'elle était l'expression d'une nostalgie du « bon vieux temps » et dénotait un effort pour préserver des identités régionales, on l'a inscrite dans le droit fil des politiques relayées ultérieurement par les nazis… On l'a parfois même qualifiée de politique *écologique* avant l'heure, presque toujours pour disqualifier celle-ci. Cette outrance traduit une assez large ignorance des représentations de la nature et de sa protection à la veille de la Seconde Guerre mondiale. Comme le montre bien Johann Chapoutot[86], la nature (*die Natur*), l'environnement (*die Umwelt*) et leur protection (*Naturschutz et Umweltschutz*) n'avaient absolument pas le sens qu'ils ont aujourd'hui. Comme le paysage (*die Landschaft*) ils prenaient largement en compte l'action des hommes sur le milieu. Dès lors, il s'agissait moins de préserver des ressources végétales ou animales, voire des scènes paysagères esthétiques (en particulier la forêt, la lande, les lacs, les littoraux, les montagnes) que de les mettre efficacement en valeur à des fins productives. Le *Heimatschutz* était donc, dans son application et dans son esprit, une politique qui confiait aux collectivités territoriales le soin d'entretenir et de valoriser les ressources locales. Il s'agissait par exemple de planifier de façon rationnelle la production ligneuse ou de gérer la faune sauvage à l'aide de plans adaptés[87]. Ceux-ci garantissaient, à leurs niveaux respectifs, que l'affectation

---

[86] Johann Chapoutot : Les nazis et la « nature ». Protection ou prédation ? in *Vingtième siècle* 2012 n°113, pp. 29-39.

[87] L'appropriation et la préservation de ces ressources renforcent l'importance symbolique, dans les communautés villageoises, de la fonction de garde-chasse (*der Förster*) et, au sommet de l'Etat, de celle de veneur en chef (*Reichsjägermeister*), poste qu'occupa Hermann Goering tout au long de la période nazie.

des biens communs se faisait dans le respect de la préférence nationale et des orientations gouvernementales.

On retrouve cette dualité dans la protection du patrimoine bâti. Sur le plan architectural, le *Heimatstil* (ou style à caractère régional), en vogue jusqu'à la fin de la République de Weimar, se caractérisait par l'adoption de codes et de *tics* architecturaux (frises, colonnettes, rambardes) et l'emploi de matériaux traditionnels (tuiles, ardoises, brique, bois). Il prétendait traduire des caractéristiques régionales même s'il s'agissait le plus souvent de réinventions ou de pastiches. Christine Mengin a bien montré, à travers l'analyse de la « Guerre des toits » de Zellendorf en 1928 (*Zellendorfer Dächerkrieg*), comment les instances dirigeantes du *Heimatschutz* weimarien tentèrent de s'opposer à toute initiative novatrice dans la production de logements pour les classes moyennes[88]. Le *Heimatschutz* prônait le modèle traditionnel de la cité-jardin, avec des maisons individuelles à toits en pente et s'inscrivait contre une conception moderniste (proche du courant du Bauhaus) qui proposait des constructions collectives à toits plats.

Jusqu'à leur prise de pouvoir, les responsables nazis se contentèrent d'un entre-deux prudent : leur *Neues Bauen* (Nouvelle construction) était proche du *Heimatstil* pour les programmes de taille réduite et plus ouvert à la modernité pour les autres opérations. Mais, une fois arrivés aux responsabilités, ils mirent rapidement le *Heimatschutz* sous l'éteignoir. Sans se rallier pour autant aux canons de l'école du Bauhaus (qu'ils vont d'ailleurs liquider), ils abandonnèrent la brique et le bois, le toit à double pente et

---

[88] Christine Mengin : *Guerre du toit et modernité architecturale : loger l'employé sous la République de Weimar*. Paris, Publications de la Sorbonne, 2007, 540 p. Le programme se situe en bordure de la forêt berlinoise de Grünewald, à l'emplacement de ce qui est aujourd'hui la « Cité de la Case de l'Oncle Tom ».

autres fioritures à caractère régionaliste. Ils optèrent pour un néo-classicisme qui aboutit, par l'usage du béton et de l'acier, aux monumentales réalisations que furent le Stade olympique, le Ministère de l'air ou la Nouvelle chancellerie du Reich à Berlin. C'est que, comme l'écrit Christine Mengin, le Führer voulait « une architecture dans laquelle chaque Allemand puisse se retrouver, une architecture où la conscience d'être allemand prime sur le sentiment d'être bavarois ou saxon ».[89].

Le « Plan de quatre ans » qui fut adopté à l'échelle de l'Etat en 1936 montrait de façon encore plus explicite le peu de cas que faisaient les nazis de la *protection de la nature*. On multiplia les travaux de génie rural (drainage, défense et restauration des sols en montagne, poldérisation) pour augmenter les superficies utilisables. On autorisa l'usage des intrants chimiques dans les limites des stocks disponibles. L'objectif était d'assurer la souveraineté alimentaire du pays, sans considération pour les effets sur l'environnement. L'exploitation des ressources minières – fussent-elles de moindre valeur comme le lignite – et l'élaboration de succédanés (*Ersätze)* visaient à garantir l'approvisionnement de l'industrie. A fortiori, l'économie de guerre et la massification de la production imposèrent ensuite une prédation sans précédent des ressources.

C'en fut fini du *Heimatschutz,* au grand dam de certains penseurs *völkisch*, dénonciateurs de la modernité technique et de l'industrialisation, pourfendeurs de l'exode rural et du déracinement. La *Heimat*, *la petite patrie*, entraînée sur la pente *völkisch* par la priorité donnée « au sang et au sol » y connaîtra une transformation radicale.

---

[89] Id. (p. 488)

3.
La *Heimat* *völkisch* et *blubo*

Dans le dernier tiers du XIXe siècle, alors que le mouvement romantique s'essoufflait, les idéologues *völkisch*[90] firent de la *Heimat* le réceptacle de leurs obsessions. Jamais à court d'élucubrations pour expliquer les dangers liés au métissage, ils considéraient que c'était l'appartenance raciale, le sang (*der Blut*), qui définissait en premier lieu la *Heimat*. Le sol (*der Boden*), quant à lui, n'était pas compris comme un simple substrat géologique, mais comme le support et le produit d'une communauté et d'une race. « Il favorise ou empêche la croissance des Etats, comme il favorise ou empêche le mouvement des individus ou des familles » a pu écrire le géographe F. Ratzel[91]. L'Etat lui-même n'étant rien d'autre « qu'une

[90] *Völkisch* vient de *das Volk* (le peuple) mais se différencie de *volkisch* (populaire) par l'accent sur la voyelle. Germanisation de *national* (tel qu'utilisé par exemple dans *national-sozialistisch)*, le terme apparaît avec la construction de l'Empire et l'expansion coloniale de l'Allemagne. L'adjectif et sa forme substantivée *Völkisch (-en)* ont dès l'origine un contenu racialiste très fort comme le montre Uwe Puschner : *Die völkische Bewegung im wilhelmischen Kaiserreich. Sprache-Rasse-Religion.* Darmstadt, 2001. (Le mouvement völkisch sous le Reich wilhelminien. Langue-Race-Religion), (non traduit). Hitler et ses acolytes baptisèrent *Völkischer Beobachter (L'Observateur völkisch* ou, faute de meilleure traduction, *national populaire)* l'organe officiel du NSDAP. Ils utilisaient avec constance le mot en lieu et place de *rassisch* (racial). Le fait de ne pas traduire le terme (ou d'affirmer qu'il est intraduisible) ne relève pas de la paresse mais bien d'une réelle difficulté.

[91] Friedrich Ratzel : *La géographie politique…* ouvr. cité (p. 60)

fraction d'humanité et une fraction de sol », son développement ne pouvait provenir que de « l'épanouissement des propriétés du sol »[92]. On le voit, les termes de Sang et de Sol (*Blut* et *Boden)* ont des contenus si proches, qu'ils furent confondus dans l'adjectif *blubo*[93].

Culture et civilisation

Au-delà du sang et du sol, l'idéologie *völkisch* était fondée sur la distinction, considérée comme fondamentale, entre « culture » et « civilisation ». La première est l'expression de « l'âme d'un peuple » alors que la seconde est vue comme un vernis plaqué par l'histoire et destiné à le policer, c'est-à-dire à freiner ses élans, voire son agressivité. L'idée, selon laquelle l'être humain perd de sa vitalité en gagnant en culture était assez commune en ce temps pour que l'on la retrouve en filigrane dans les *Buddenbrook,* œuvre de jeunesse de Thomas Mann[94] ou dans *Le déclin de l'Occident* d'Oswald Spengler[95], écrivains pourtant éloignés des idéologies *völkisch.*

Ces présupposés s'accompagnaient d'un désir de transcendance comme en attestent les articles de la revue *Die Tat,* fondée par Eugen Diederichs en 1909. Les publications du cercle poétique de Stefan George y

---

[92] Id. (p. 73)

[93] Le qualificatif paraît également convenir au *Mutterboden* (le sol de la mère, le sol nourricier) qu'évoquait Ernst Jünger en 1932 dans *Le travailleur* et dont il faisait « le support d'une nouvelle race ». *(« Der Träger einer neuen Rasse ») in* Ernst Jünger : *Le travailleur*. Paris, Christian Bourgois, 2001 (*Der Arbeiter*, première parution en 1932).

[94] Thomas Mann : *Les Buddenbrook. Le déclin d'une famille.* Paris, Le livre de poche, 1993 *(Buddenbrooks : Verfall einer Familie.* Edition originale en 1901).

[95] Oswald Spengler : *Le déclin de l'Occident. Paris, Gallimard, 1948, 888 p. (Der Untergang des Abendlandes).* Edition originale en 1918 (t. 1) et 1922 (t. 2).

ajoutaient une dose de sciences occultes et la Société de Thulé une dimension mystique en faisant de *l'Ultima Thulé*, comme l'écrit Ernst Bloch, « une utopie géographico-dialectique d'un monde qui finit et qui sombre... Un feu dans la cheminée en plein paysage tourmenté par les intempéries » [96]. L'ésotérisme nazi puisera dans ce fatras de quoi fonder à la fois sa mythologie païenne, son aryanisme, son nordicisme et son messianisme.

Mais qu'importaient l'Atlantide, le Graal ou l'existence des *Artamanen*, ces prêtres-rois adorateurs du soleil ! L'essentiel pour le mouvement *völkisch* était de montrer, fut-ce dans une improvisation délirante, la supériorité de la nation des *Vieux-germains* (*Urgermane*) sur les autres peuples. On devait donc en préserver les qualités intrinsèques. Toute mésalliance (*Mischehe* ou *mariage mixte*), voire toute relation, avec un partenaire non-aryen était donc prohibée[97]. Comme en attestait le succès phénoménal du roman d'Artur Dinter *Le Péché contre le Sang*[98](1917), ces élucubrations connurent un grand succès auprès d'un public que taraudaient depuis des décennies des préjugés racialistes et xénophobes.

---

[96] Ernst Bloch : *Le Principe Espérance*... ouvr. cité (tome 2, p. 402)

[97] Les nazis les présenteront comme « un métissage de matériels génétiques sains et altérés » puis en feront un « crime contre le sang » (*Rassenschande*) lourdement réprimé après l'adoption en 1935 de la « loi sur la protection du sang et de l'honneur allemands », une des « lois de Nuremberg ».

[98] Artur Dinter (1876-1948) : *Die Sünde wider das Blut, ein Zeitroman* (1917). Leipzig, Matthes und Thost, 1917 (Le Péché contre le Sang, un roman du temps présent). (non traduit). Ce roman, le premier d'une trilogie, dénonce l'empoisonnement irrémédiable du sang de la nation allemande par un riche marchand juif qui séduit ses employées. On en trouvera une analyse dans Edouard Conte et Cornelia Essner : *La quête de la race*... ouvr. cité (pp. 123-130). Le roman connut de très nombreuses rééditions jusqu'aux derniers mois de la seconde Guerre mondiale.

L'inégalité entre les peuples était essentialisée sur fond de métaphore arboricole, d'enracinement, de troncs, de branches, de circulation de sève, d'ombre et de lumière. La forêt était considérée comme le conservatoire de l'identité allemande : « Nous devons préserver la forêt, non seulement pour que le poêle ne s'éteigne pas en hiver, mais aussi pour que le cœur du peuple continue de battre avec chaleur et joie, et que l'Allemagne reste allemande » insiste W.H. Riehl[99], journaliste, historien, romancier et tardivement directeur du Musée national de Bavière. On comprend dès lors que la forêt de Teutoburg, où se trouve depuis 1875 le monument célébrant la victoire d'Arminius/Hermann sur les légions de Varus, soit devenue un lieu de pèlerinage.

Cet appel aux mânes avait une suite logique : si les peuples germaniques, peuples de la forêt, étaient présentés comme héliotropes et donc en perpétuel progrès, les Juifs, fils du désert, étrangers au monde forestier et dénués de racines, ne pouvaient dès lors être profonds et créatifs[100].

---

[99] „*Wir müssen* den *Wald erhalten, nicht bloß damit uns der Ofen* im *Winter nicht kalt werde, sondern* auch *damit* die *Pulse des Volkslebens warm und fröhlich* weiter schlagen, *damit* Deutschland deutsch bleibe". Wilhelm Heinrich Riehl (1823-1897) : *Die Naturgeschichte des Volkes als Grundlage einer deutschen Social-Politik.* Munich, J.G. Cotta, (1851-1869) tome 1 : *Land und Leute* (1854) (p. 32). (*Histoire naturelle du peuple allemand comme fondement d'une socio-politique. Tome 1 : Le pays et les gens*). Non traduit. L'ouvrage a connu, jusqu'au au XXIe siècle, de nombreuses rééditions.

[100] Cet aspect de l'idéologie *völkisch* est évoqué par Georges L. Mosse *: Les racines intellectuelles du Troisième Reich...* Ouvrage cité, page 43. L'obsession forestière est telle, des *Völkische* à M. Heidegger, que B. Brecht fera dire à Kalle, un personnage de son *Dialogues d'exilés* : « Je suis convaincu que les seuls êtres qui aient des racines, les arbres, préfèreraient ne pas en avoir. Ils pourraient alors prendre l'avion, eux aussi ». Cité par B. Cassin : *La nostalgie…* (ouvr. cité, p. 131).

Bertold Auerbach, un prolifique écrivain *völkisch*, affirme de son côté que la forêt imprègne la langue allemande d'un souffle frais, raison pour laquelle « on ne devrait parler français que dans les salons et allemand en forêt »[101]. Les étrangers et les éléments *bodenlos (sans sol, étrangers)* qui se distinguaient par la religion ou par la langue étaient exclus de la *Gemeinschaft* villageoise. Les manifestations de loyauté ne pouvaient se faire qu'à travers la filiation, au sein du clan et des lignages apparentés. Il était donc entendu que le Juif qui parlait allemand utilisait une langue qui lui était étrangère et ne pouvait donc que mentir. En Silésie comme en Poméranie, on restreignit l'usage des langues minoritaires et l'allemand devint la seule langue admise dans les relations avec l'administration, au détriment du polonais ou, *a fortiori*, du cachoube.

Cependant, si le mouvement *völkisch* était raciste et antisémite, l'essentiel de son projet était pangermaniste. Il voulait avant tout rassembler les *Volksdeutschen* au sein d'une Grande Allemagne (*Grossdeutschland*) qui intégrerait en premier lieu l'Autriche avant de rallier les communautés germaniques dispersées. Cette entité se devait de rayonner sur *un espace de vie* (*Lebensraum*) dont les ressources lui seraient réservées, puisqu'aussi bien les « terres sans peuple », ou supposées telles, étaient vouées à être exploitées par les « peuples sans terre » que sont les Germains.

La *Heimat* vue des colonies

Les diverses préoccupations de géopolitique intérieure et d'hygiène de la race ont incontestablement joué un rôle

---

[101] *« Darum sollte man im Salon französich und im Wald deutsch sprechen ».* Bertold Auerbach : *Romane. Neues Leben* (4e vol.). Stuttgart, Gotta'schen Buchhandlung, 1871 (p. 45).

dans le déploiement tardif de l'idéologie coloniale allemande. Obsédée par sa place en Europe et préoccupée par la solidité de sa construction politique le pays ne s'est lancé que tardivement dans un projet colonial ultramarin. Bismarck considérait en effet que le *Lebensraum* allemand était à l'Est du continent européen : « C'est mon Afrique » avait-il coutume de dire. Le mot d'ordre étant de faire passer « le commerce avant le drapeau », on faisait donc la promotion des entreprises coloniales, mais l'Allemagne ne prit le contrôle du Cameroun et du Togo qu'après 1870, n'imposa son protectorat sur l'Est africain et ne reconnut le coup de force de Lüderitz dans le Sud-ouest namibien qu'au début des années 1880, alors que l'essentiel du partage du monde était réalisé.

On retrouve dans l'idéologie coloniale allemande les grands marqueurs *völkisch* : une nostalgie permanente des origines, la lutte entre le Bien et le Mal et la croyance en un progrès indéfini impulsé par un peuple élu (*Herrenvolk*)[102]. L'espace colonial mythifié était vu comme « une terre sans maîtres » (*Herrenlose Gebiet*), une *terra nullus* adamique où s'exprimait un héroïsme germanique rajeuni (*Junges Heldentum*) et revivifié par le contact d'une nature sauvage (*das Wildnis*).

Dans la pratique, la colonisation ne devait pas effacer l'appartenance originelle : « Aime et honore ta nouvelle *Heimat* », dit un poème de l'époque, « mais n'oublie pas l'ancienne »[103]. Dans l'affrontement sous-jacent entre « peuples civilisés » (*Kulturvölker)* et « peuples de nature » (*Naturvölker*), il fallait maintenir la race et les

---

[102] Catherine Repussard : *Idéologie coloniale et imaginaire mythique. La* Revue *Kolonie und Heimat* de 1909 à 1914. Presses Universitaires de Strasbourg, 2014.

[103] « *Lieb' und ehr die neue Heimat/ Doch vergiß die alte nicht* », extrait du poème *Hör, mein Sohn* (Ecoute, mon fils) de Johannes Rau paru en 1909 dans la revue *Kolonie und Heimat* (cité par Catherine Repussard: *Idéologie coloniale et imaginaire mythique…* ouvr. cité.

valeurs de la germanité (le *Deutschtum*). Il fallait comprendre par là non seulement la langue, mais aussi des vertus aussi cardinales que l'ardeur au travail, le courage, la foi, la fidélité et cette forme d'intériorité affectant la profondeur qu'est la *Gemüt*. On se devait de les entretenir par la solidarité de tous les jours, la pratique du chant choral et l'organisation de commémorations dont la célébration de l'anniversaire du Kaiser n'était pas la moindre.

La *Heimat* coloniale était donc un modèle en réduction de la grande patrie, mais ne se substitua jamais à celle-ci et n'empêcha pas les idées pangermanistes de faire leur chemin. Conformément aux écrits de G. Herder (1744-1803) et de J. Schelling (1775-1854) qui définissaient la nation allemande comme une « force organique vivante », on mettait en avant les facteurs de transmission (*Übertragungsfaktoren*) que sont le sang, la langue, l'endémisme et la capacité à se projeter dans l'histoire. Ces héritages et ce dynamisme étaient censés lui forger un destin. *Volens nolens*, la *Heimat* devint donc *blubo*.

Cette sacralisation lui faisait changer de statut : elle n'était plus l'affaire de la communauté villageoise ou de la société coloniale, mais de celle du peuple entier. La *Heimat* se confondit avec le territoire de la nation et dans cette perspective les colonies ne pouvaient être rien d'autre, écrit Catherine Repussard[104], que « le belvédère de la Heimat, où la *Heimat* se projette, mais d'où l'on peut aussi la contempler ». Loin d'Europe, on peut néanmoins en devenir membre par le sang versé pour fertiliser des terres ingrates. On habillera ces dernières d'une tunique tricolore nationale, mais ce sera pour les mettre au service d'un projet qui est plus pangermaniste que colonial : *Deutschland über Alles*…

---

[104] Catherine Repussard : *Idéologie coloniale et imaginaire mythique*… ouvr. cité (p. 12)

Il manquait un outil politique pour diffuser ces idées : ce fut le rôle de la Ligue pangermaniste (*Alldeutscher Verband*). Grâce à elle, et non sans conflits internes et maintes tergiversations quant à la place du projet colonial dans la société, le thème de la Grande Allemagne (*Großdeutschland*) s'imposa progressivement[105]. Il s'agissait, écrivit Otto Richard Tannenberg en 1911, de regrouper à l'intérieur de frontières sûres les 25 millions de *Volksdeutschen* (Allemands *de souche*), soit « 28% de la race », qui vivaient hors des limites du Reich[106]. Comme on n'envisageait pas de les réinstaller dans un territoire déjà considéré comme trop étroit, cet objectif ne pouvait être atteint que par la conquête d'un espace considéré comme indispensable à la vie de la nation : le *Lebensraum*[107]. Avec cette ambition, la *Heimat* devenait expansionniste et agressive, sinon guerrière.

La jeune *Heimat*

Le courant *völkisch* exerçait une grande influence sur le mouvement de jeunesse *(Jugendbewegung).* Il contribua à y infuser non seulement ses conceptions politiques et sociales, mais également à y rendre très prégnant le thème

---

[105] L'histoire du pangermanisme est excellemment décrite par Michel Korinman : *Deutschland über alles* : le pangermanisme, 1890-1945. Paris, Fayard, 1999, 701 p.

[106] Otto Richard Tannenberg : La Plus Grande Allemagne. L'œuvre du XXe siècle. Paris, Payot, 1916 (édition originale : *Gross-Deutschland*, 1911).

[107] Le terme ne s'appliquait à l'origine qu'à *l'aire de vie* des espèces végétales ou animales. Le géographe F. Ratzel (1844-1904) et le géopoliticien K. Haushofer (1849-1946) l'utilisèrent pour promouvoir la conquête de nouvelles colonies. Selon Ian Kershaw : *Hitler*. Paris, Flammarion, 2000, tome 1, p. 77, A. Hitler ne semble avoir utilisé le terme qu'à partir de son emprisonnement à Landsberg, sans doute sous l'influence de Rudolf Hess. Quand il apparaît dans *Mein Kampf* le terme désigne presque toujours l'Est européen.

de la *Heimat.* Il est vrai qu'il trouva dans les diverses associations qui composaient le mouvement des conditions particulièrement favorables. La plupart des membres des celles-ci étaient majoritairement issus des classes moyennes germanophones. Souvent en rupture avec leur milieu social et familial, ils aspiraient à des activités et une vie au grand air et souhaitaient, par un mode de vie collectif, affirmer leur identité face à des minorités remuantes. Animés par des *Führer* exaltant « l'identité populaire » germanique (le *Volkstum)*, ces groupes se soudaient autour d'une idéologie nationaliste et de traditions revisitées. Bien que l'on soit loin du sentimentalisme et des affres individuelles des poètes romantiques, les thèmes du *déracinement* et du *Heimweh,* qui expriment un vif attachement à un terroir, y étaient très présents.

La plus connue de ces associations était celle des *Oiseaux migrateurs (Wandervögel)*[108] dont le premier groupe fut fondé en 1901 par Karl Fischer à Steglitz dans la banlieue de Berlin. Une décennie plus tard, le mouvement comptait déjà plus de 15 000 membres et se scinda en trois ou quatre sous-groupes. De nouvelles associations continuèrent de se structurer, parfois en marge du mouvement, parmi lesquels on distinguait des groupes de jeunes filles et de sociaux-démocrates[109]. Les plus actives et les mieux organisées étaient La Jeunesse

---

[108] Dans un numéro spécial de la revue *Recherches germaniques* (2009/6) Marc Cluet traduit *Wandervogel* par *Oiseau pèlerin* (au sens de faucon pèlerin, *Falco peregrinus*). A cause de la possible connotation religieuse du pèlerinage, nous préférons l'adjectif *migrateur* qui dit mieux la mobilité erratique de ces groupes de jeunes randonneurs.

[109] Pour une histoire du mouvement de jeunesse, on pourra consulter avec profit Walter Laqueur : *Die deutsche Jugendbewegung. Eine historische Studie.* Köln, Wissenschaft u. Politik, 1962. (*Le mouvement de jeunesse allemand. Une étude historique*). Non traduit.

libre-allemande (*Freideutsche Jugend*) et La libre communauté étudiante *(Freie Studentenschaft*), deux groupes d'orientation patriotique.

Au départ, l'organisation de randonnées était leur objet principal. Une coordination très souple laissait cependant toute initiative aux groupes locaux pour organiser d'autres activités autour de leur *Hütte* (leur refuge). Celles-ci variaient selon les régions, mais se conformaient généralement à la règle « *frisch, fromm, fröhlich, frei* » (jeune, pieux, joyeux, libre). Cette formule était la devise de *l'Allgemeine Burschenschaft*, une corporation étudiante que son fondateur Ludwig Jahn (1878-1852) avait transformée en société de gymnastique. Plus que les discours belliqueux et les défilés, dont l'ordonnance mécanique et l'absence de spontanéité s'opposaient à leur vitalité, les jeunes appréciaient les randonnées et autres activités physiques ponctuées de fêtes.

La nature était l'objet d'une adulation sans bornes, car considérée comme un lieu de ressourcement. La solitude forestière (*die Waldeinsamkeit*) est particulièrement l'occasion, sinon d'une élévation de l'âme, du moins de retrouvailles avec soi. La pratique du naturisme, appelée « bain d'eau et de lumière » était particulièrement appréciée. L'immersion dans la nature était dans l'air du temps. Le philosophe moniste Ernst Häckel n'affirmait-il pas au même moment : « la déesse de la vérité habite dans le temple de la nature » ?[110] A n'en pas douter, la fréquentation de la campagne et des forêts de la *Heimat* ne pouvaient que leur faire paraître, à chacun de leurs retours, la ville « encore plus corrompue et atrophiée »[111].

---

[110] Ernst Häckel : *Les énigmes de l'Univers* (*Die Welträthsel*, 1899). Berlin, Hofenberg Sonderausgabe, 2016. Non traduit. On attribue parfois à l'auteur, professeur de zoologie à l'université d'Iéna, l'invention du terme *écologie*.

[111] Ernst Bloch: *Le Principe Espérance…* ouvr. cité (tome 2, p. 37)

La cohésion du mouvement tenait essentiellement à l'homogénéité d'âge et d'origine sociale : pour l'essentiel les membres des diverses associations étaient des adolescents de 14 à 18 ans et pour les deux tiers, des enfants de la bourgeoisie citadine. Bien qu'aucun programme politique n'ait été formulé de façon explicite, et même si le mouvement était à l'origine plutôt pacifiste et social-démocrate, le patriotisme était une constante. Il était alimenté par des randonnées dans la *Heimat* qui permettaient la découverte des paysages et des traditions locales. Ces errances étaient facilitées par le développement, au fil des années, d'un réseau d'auberges de jeunesse (*Jugendherberge*) qui constituaient autant de relais et de lieux de rencontre. « Pères » et « mères » aubergistes jouaient le rôle de mentors dans ces communautés passagères et offraient un substitut à la famille. Des soirées autour d'un feu de camp furent aussi l'occasion d'une pratique assidue des chants folkloriques. Certains de ces derniers, connus de tous, passèrent ultérieurement dans les répertoires de la Wehrmacht[112].

Alors que la « question juive » travaillait en profondeur la société allemande, les mouvements de jeunesse n'avaient pas de position arrêtée quant à la présence des Juifs en leur sein. Sur ce point, leurs statuts furent longtemps imprécis : l'adhésion se faisait, au moins officiellement, sans condition de race et de croyance. Mais en réalité neuf groupes sur dix ne comptaient pas ou très peu de membres juifs. A partir de « l'affaire de Zwickau » (l'exclusion en 1913 d'une adolescente juive d'une

[112] Ce fut le cas du chant *Erika* qui célébrait à l'origine l'inoffensive bruyère de la lande. La *Heimat* est évoquée au début du second couplet : « *In der Heimat wohnt ein kleines Mägdelein / Und das heißt: Erika* ». (Au pays natal vit une jeune femme/ Elle s'appelle Erika). On peut en entendre de nombreuses versions, plus ou moins martiales, sur le site www.youtube.com. A noter que ce chant est aussi pratiqué par divers régiments de l'armée de terre française.

association locale), et surtout au lendemain de la guerre, leur présence devint cependant problématique. Les incidents se multiplièrent et poussèrent les jeunes Juifs vers des associations communautaires. Des associations de randonnées juives comme le *Jüdische Wanderbund Blau-Weiß* ou des groupes gymniques comme *Bar Kochba* ou *Hakoah* furent alors créées et certaines subsistèrent jusqu'en 1935[113].

L'apogée du mouvement, dans sa forme initiale, se situa à la veille de la Première Guerre mondiale. Du 10 au 12 octobre 1913, 2000 jeunes, issus de quatorze organisations représentant la moitié des 50 000 membres du mouvement, se rassemblèrent en effet au Haut-Meissner, près de Kassel. Les débats qui s'y déroulèrent montrèrent la prégnance des idéaux nationalistes et ethnocentrés bien que tous les groupes ne se soient pas associés aux discours anti-slaves des groupes autrichiens ni au pangermanisme militant de certains autres. Un courant progressiste et pacifiste, regroupé autour de la revue *Der Anfang* (le Début), tenta par exemple de défendre le concept de liberté individuelle et de porter un regard ouvert sur la production artistique du temps. Mais nombreux sont ceux qui voyaient dans l'exaltation nationaliste et la guerre la réalisation des idéaux du mouvement de jeunesse et un rendez-vous avec *l'authenticité* (*Eigenlichkeit*).

A l'approche de la guerre, la conscience nationale (le *Volksgeist*) prit le pas sur la *Heimat*. De façon symptomatique, le *jus solis* instauré par Bismarck en 1871 fut abandonné en 1913 au profit du *jus sanguinis*. L'identité nationale, qui s'affirmait jusqu'alors par la

---

[113] Elles durent cette courte survie à la mansuétude de Baldur von Schirach, responsable de la Jeunesse hitlérienne, qui encouragea le mouvement sioniste tant que l'émigration parut être une solution à la *question juive*.

présence sur le territoire, se fit désormais, et jusqu'aux dernières années du vingtième siècle, par la filiation. La nouvelle « loi sur l'appartenance à l'Etat et à l'Empire allemand » (*Reichs- und Staatsangehörigkeitsgesetz*) définissait la nationalité selon des critères ethnoculturels comme la langue ou l'adhésion aux valeurs culturelles allemandes. Le déclenchement de la Grande Guerre sembla marquer la fin du processus de *Heimatisation.* L'amour de la patrie l'emporta définitivement sur l'Eros de la *Heimat* et c'est sans doute cet état d'esprit qui rendit possible la tragique ordalie de la jeunesse allemande à Langemark[114].

Au lendemain du conflit, durant lequel ses effectifs avaient cru de façon accélérée, le mouvement de jeunesse connut une crise existentielle. La volonté d'émancipation sans but et sans méthode qui le caractérisait jusqu'alors n'avait débouché au mieux que sur une sécession, une mise en retrait de la société. Liés entre eux par « des émotions nébuleuses »[115], leurs membres n'étaient en rien préparés à résister au dynamisme des groupes *bündisch* (de Bund, le lien, l'attache), précurseurs du mouvement de jeunesse nazi. Plus nettement politisés, voire partisans, ceux-ci s'imposèrent progressivement en leur sein. La figure du libre *Wanderer* (le voyageur, le randonneur) fut alors supplantée par celle du *Landsknecht* (le lansquenet). On ne voyagea plus au gré de son humeur, mais à des fins pratiques : apprendre, se former, se préparer mentalement

---

[114] Trois mille étudiants appartenant à des unités de réserve perdirent la vie entre le 21 et le 23 octobre 1914, dans une offensive où l'inconscience des jeunes soldats n'avait d'égale que l'aveuglement de leurs chefs. La bataille a tenu une place singulière dans l'imaginaire guerrier des Allemands. Adolf Hitler visita le site de la bataille le 1er juin 1940. Celui-ci n'a cependant pris son aspect actuel qu'en 1956, après que les dépouilles de 44 000 soldats allemands de diverses provenances y aient été regroupées.

[115] Ernst Bloch: *Le Principe Espérance…* ouvr. cité (t. 2, pp. 171-172)

et physiquement, individuellement et collectivement, à défendre son pays. Les rêveries des poètes furent abandonnées au profit de la recherche de la performance (*die Leistung*) et du combat (*der Kampf*). En quelques années, la plupart des groupes se transformèrent en organisations structurées sur un mode militaire et furent rapidement aspirées par la Jeunesse hitlérienne (*Hitlerjugend)* et sa section féminine (le *Bund Deutscher Mädel*). On instaura dès lors des cérémonies d'allégeance au chef (*Führersgefolgschaft*) et on marcha au pas à la lueur de torches résineuses. On cessa de chanter des chants folkloriques pour exalter une *Heimat Blut und Boden (Sang et Sol).*

La *Heimat* de Martin Heidegger.

« Interprète profond d'une époque de désordre et pour qui ce désordre revêtit un profond attrait » selon J. Rovan[116], Martin Heidegger fut, par excellence et jusque dans ses outrances, le « philosophe de la *Heimat* ». A la différence des romantiques, le manque et le décalage par lesquels se manifestent le *Heimweh* n'étaient pas pour lui source de souffrance ou de douleur. Reprenant un texte de Novalis, il affirma que « la philosophie est à proprement parler mal du pays *(Heimweh) »* parce que celui-ci « pousse à être partout chez soi ». Cet état d'esprit lui parut même être « la tonalité fondamentale du philosopher »[117]. S'il se débarrassa du *pathos* romantique, il restait incontestablement *völkisch et blubo* en définissant

[116] Joseph Rovan : Allemagne… ouvr. cité (p. 154).
[117] Cité par Guillaume Payen : *Martin Heidegger. Catholicisme, révolution, nazisme.* Paris, Perrin, 2016, 681 p. (pp. 232-233).

le *Volk* comme « le peuple pensé dans l'unité de sa race et de son sang »[118].

La *Heimat* de M. Heidegger est circonscrite à un territoire de quelques centaines de kilomètres carrés dans le sud-ouest de l'Allemagne. Né à Messkirch en 1889, il y a passé son enfance, avec de nombreuses excursions à Göggingen, le village maternel. De cette période il conservera des souvenirs heureux : les fenêtres de l'école « parées de fleurs éclatantes », les chemins « cachés dans les groseilliers à maquereau », les jeux d'enfants... Il évoquera les cloches du village dans une demi-douzaine de textes. L'élargissement de son horizon ne vint qu'en 1903 avec le départ pour le lycée de Constance, à une quarantaine de kilomètres de là. Il y poursuivit son éducation catholique et approfondit sa connaissance du patrimoine bâti et des traditions locales. Il rejoignit en 1906 le lycée Berthold à Freiburg où s'affirma son amour de la *Heimat* en même temps que vacillaient sa foi catholique et sa vocation sacerdotale. Il y passa son *Abitur* (le baccalauréat) et s'y s'inscrivit en 1909 en faculté de théologie après avoir renoncé à devenir novice de la Compagnie de Jésus. Son refus de la tradition catholique, écrira-t-il plus tard, est venu de ce qu'elle « déracine l'historicité de l'être-là... jusqu'à se cacher son authentique manque de sol (Bodenlosigkeit) »[119].

C'est à Freiburg qu'il rencontra en 1915 Elfride Petri, sa future épouse. Elle lui fit découvrir les idéaux et les activités des mouvements de jeunesse et joua un rôle

---

[118] M. Heidegger : Cours du semestre d'été 1934 sur *La logique comme la question de l'essence du langage* in *Gesamtausgabe,* tome 38, p. 65, cité par E. Faye : *Heidegger, l'introduction du nazisme dans la philosophie. Autour des séminaires de 1933-1935.* Paris, Albin Michel, 2005, pp. 240-241

[119]G. Payen : *Martin Heidegger…* ouvr. cité p. 220.

important dans l'invention de la *Hütte* de Todtnau[120]. Avec ou sans elle, il effectua de longues randonnées dans la Forêt Noire toute proche et mesura alors la force des liens qui l'enracinaient « dans le sol et la race ».

A tel point, comme le rapporteront plusieurs de ses biographes, qu'il adopta des codes vestimentaires régionaux pourtant déjà passablement hors de mode. G. Schneeberger[121], l'un de ses étudiants, décrit ce « costume existentiel » dont il s'affublait parfois : pantalon en velours serré aux genoux (knickers) ou culotte de peau (*Lederhosen*), des bas de laine de couleur blanche (*Weißstrümpfe*), veste à revers dotée d'une double rangée de boutons, solides chaussures de cuir *Haferl* aux pieds... En 1927, année où parut « Sein und Zeit », il fit à son épouse cette confession : « Ce que j'ai reçu de la maison familiale et de ma *Heimat* est passé dans mon travail »[122]. Vingt ans plus tard, il le rappellera une nouvelle fois : « Que ma *Heimat* soit remerciée pour tout ce qu'elle m'a donné et qui m'a soutenu sur une longue route »[123].

De fait, on retrouve dans ses écrits les grands marqueurs lexicaux du courant *völkisch.* Pour E. Faye[124], l'opposition entre « la stabilité sur un sol » (*die Bodenständigkeit)* et « l'absence de sol » (*die Bodenlosigkeit*) paraît même structurer « en profondeur »

---

[120]Selon G. Payen, le modèle de la *Hütte* du philosophe serait à rechercher dans les lieux de rencontre des mouvements de jeunesse que sa femme et lui fréquentèrent un temps.

[121] G. Schneeberger : *Nachlese zu Heidegger*. Berne, Selbstverlag, 1962, p. 75 (cité par V. Farias: *Heidegger et le nazisme...* ouvr. cité, p. 153)

[122] Lettre à Elfride, cité par E. Faye (dir.) : *Le sol, la communauté, la race...* p. 12

[123] Martin Heidegger : *Sérénité (Gelassenheit*) in Questions III. Paris, Gallimard, 1966, trad. A. Préau, (p. 133).

[124] E. Faye (dir.) : *Le sol, la communauté, la race.* Paris, Beauchesne. 2014, p. 311

Sein und Zeit, son maître ouvrage. On y trouve cette distinction entre un *Umwelt*, un environnement ou un univers matériel, physique, dans lequel on est projeté, un *Eigenwelt* à contenu psychologique et un *Überwelt* à dimension spirituelle. Dans cette triple dimension, pour reprendre le « jargon de l'authenticité »[125] qui lui est propre, le *Heim* est le remède à l'« errer » (*Irren*), et permet de lutter contre « la détresse de l'être-là », le sens profond de cet « être-là » étant « l'habiter-familièrement-le monde ».

Le discours qu'il prononça en 1933 pour le dixième anniversaire de la mort d'Albert Leo Schlageter soulignait ce lien avec la *Heimat*. Pour célébrer la mémoire de l'étudiant nationaliste, exécuté par les troupes françaises en 1923 à la suite d'actes de sabotages commis dans la Ruhr, il rapporta « la dureté de son vouloir » à « la force des montagnes (souabes) où se déploie le pays natal *(Heimat)* de ce héros ». Son caractère, écrivit-il, s'est forgé « dans la pierre originelle (Urgestein), dans le granit des monts entre lesquels le jeune fils de paysan a grandi » et c'est « le soleil d'automne sur la Forêt Noire » qui a nourri « la clarté de son cœur ». Enfant de la terre alémanique (de ses forêts, de ses montagnes, de ses eaux, de sa lumière…), A.L. Schlageter est mort, conclut-il, « pour le peuple allemand et pour son Reich »[126]. Pour Heidegger, écrit V. Farias, la *Heimat* était donc « l'instance médiatrice entre individu et nation, la condition nécessaire pour constituer la nation et l'Etat »[127].

---

[125] L'expression est de Theodor Adorno : *Jargon de l'authenticité. De l'idéologie allemande*. Paris, Payot, 1989 (*Jargon der Eigentlichkeit : zur deutschen Ideologie*. Francfort, Suhrkamp Verlag, 1964)

[126] V. Farias : *Heidegger et le nazisme*... ouvr. cité (p. 105)

[127] Id. (p. 106)

Dans *Pourquoi nous restons en province*[128], une allocution radiodiffusée en 1933 et dont le texte fut publié en mars 1934 par le journal nazi local *Der Allemane*, pointait une antienne tout aussi *völkisch,* l'opposition radicale entre la *ville* et la *campagne*. La ville étant source de déracinement, sinon de perversion, seule la colonisation rurale (die *Siedlung*), écrivait-il, peut « rendre l'homme au sol ». On ne s'étonne donc pas de voir la figure du paysan y prédominer comme dans les *Récits villageois de la Forêt Noire* (*Schwarzwälder Dorfgeschichten)* que le chroniqueur Berthold Auerbach[129] avait fait paraître en 1884 et qu'il n'a certainement pas manqué de lire. La filiation est patente, jusque dans l'usage de stéréotypes comme ceux du bon sens et de la loyauté paysanne que l'on retrouve chez M. Heidegger après les avoir rencontrés chez le chroniqueur *völkisch.* La clairvoyance populaire est ainsi magnifiée dans cette impérissable scène où M. Heidegger prend les conseils d'un vieux paysan de ses amis pour savoir s'il doit ou non rejoindre l'université de Berlin[130]. Si l'on y ajoute une dénonciation très convenue de la radio, de la télévision et du cinéma ainsi que des « appareils techniques et des automates », on ne peut que souscrire aux propos de Victor Farias et ne voir dans ces

---

[128]M. Heidegger : *Pourquoi nous restons en province* in *Essais politiques* (1933-36) traduits et annotés par François Fedier. Paris, Gallimard, coll. Bibliothèque de philosophie, 1995

[129] Berthold Auerbach : *Schwarzwälder Dorfgeschichten. Erzählungen.* (Histoire de villages de la Forêt-Noire. Récits). Stuttgart, Reclam, 2012, 320 p. Non traduit.

[130] « Il plonge lentement le regard ferme de ses yeux clairs dans les miens, garde la bouche absolument close, pose sa main loyale sur mon épaule et secoue imperceptiblement la tête. C'est un *Non* inflexible » *(Er schiebt langsam den sicheren Blick seiner klaren Augen in den Meinen, hält den Mund straff geschlossen, legt mir seine treuebedächtige Hand auf die Schultern und- schüttelt kaum merklich den Kopf. Das will sagen: unerbittlich Nein)* ! in G. Schneeberger: *Nachlese zu Heidegger* … ouvr. cité (pp. 216-218)

notations rien d'autre qu'« une revendication rétrograde contre la modernité urbaine » et « une volonté de retour aux origines - si celles-ci avaient jamais existé -, à la fameuse authenticité (Eigentlichkeit) ».[131]

M. Heidegger y ajoutait cependant d'autres préoccupations assez triviales. Ainsi, le paysan était, pour lui, celui « qui assure à une nation son pain quotidien dans le cadre d'une économie fermée ». Il en déduisait le fait qu'« une solide souche de petits et moyens paysans (est) la sauvegarde contre les maux sociaux qui sont aujourd'hui les nôtres ». En affirmant la nécessité de « conserver une classe paysanne saine comme base de toute la nation », il se conformait au bréviaire *völkisch* et souscrivait aux affirmations d'un R.W Darré, ministre de l'agriculture nazi de 1933 à 1942, qui voyait « la paysannerie comme source de vie de la race nordique »[132].

La métaphore de *l'enracinement/déracinement* revenait souvent sous sa plume. Citant le poète J.P. Hebel, il affirma : « Nous sommes des plantes qui, s'appuyant sur leurs racines, doivent sortir de terre pour pouvoir fleurir dans l'éther et y porter des fruits »[133]. De cette image découlait un *réquisit* : « Nous nous demandons si la réussite d'une œuvre de qualité ne requiert pas l'enracinement dans un sol natal ». C'est sans doute pour cela qu'il tint tant à réaffirmer « un enracinement séculaire

---

[131] Victor Farias : *Heidegger et le nazisme…* (p. 190). De son côté, G. Arthur Goldschmidt écrit : « Cela signifie que tout ce qui n'est pas de la partie de la Forêt-Noire située entre Muggenbrunn et Todtnauberg est « inauthentique » in « Magazine littéraire » n° 576, février 2017, pp. 82-83.

[132] Richard Walter Darré : *Das Bauertum als Lebensquelle der nordischen Rasse*. Munich, Lehmann, 1929 (nombreuses rééditions) (La Paysannerie comme source de vie de la race nordique). Non traduit.

[133] M. Heidegger : *Sérénité…* ouvr. cité (p. 138).

dont rien ne peut tenir lieu, l'enracinement souabe-alémanique »[134].

S'il lui arrivait parfois de céder aux sirènes du patriotisme local, sa *Heimat* n'était pas pour autant isolée du reste de la nation. Il l'englobait dans un ensemble culturel large, la *Marche du Sud-ouest*, reprenant ainsi un terme ancien (*Mark*) pour désigner les confins du Reich. Au fil des années, l'idéal pangermaniste de la Grande Allemagne devint de plus en plus présent dans ses discours. En octobre 1933, il évoqua le fait que « 18 millions d'Allemands appartiennent au peuple, mais ne font pas partie du Reich parce qu'ils vivent hors de ses frontières »[135]. Sa *Heimat* n'était donc pas séparée de la grande Allemagne et en cela il annonçait la confusion typiquement nazie de la petite et de la grande patrie.

Sous sa plume jaillissaient parfois des bouffées antisémites, longtemps niées par ses thuriféraires, mais bien documentées par de multiples examens des textes parus et confirmés par la publication des *Cahiers Noirs*[136]. *Déracinement* et *absence de sol* (*Bodenlösigkeit*) étant vus comme une menace, il proposa de doter l'Allemagne « de forces et d'éducateurs authentiques enracinés dans un sol », pour mettre un terme à l'« enjuivement croissant » [137]. Son antisémitisme prétendait cependant se différencier

[134] M. Heidegger : *Pourquoi nous restons en province…* (ouv. cité).

[135] Cette formulation rappelle celle de l'écrivain pangermaniste O.R. Tannenberg en 1911 (*dans La Plus Grande Allemagne*, ouvr. cité) : « 25 millions d'Allemands, 28 % de la race, vivent hors de l'Empire »)

[136] Les commentaires de F.W. von Herrmann et F. Alfieri in *: La vérité sur les Cahiers Noirs*. Paris, Gallimard, 2017) paraissent de ce point de vue une dénégation peu convaincante, sinon malhonnête.

[137]M. Heidegger : Lettre à Viktor Schwerer, 1929. Cité par E. Faye (dir.) *: Le sol, la communauté, la race…* p. 311.

du *racialisme* biologique des nazis[138]. A *die Rasse* (la race), terme qui n'est pas d'origine germanique, M. Heidegger préférait *der Stamm* (le tronc, la souche) ou *die Art* (l'espèce, le genre, au sens génétique)[139]. A l'instar du racisme *völkisch*, il ne postulait pas une inégalité radicale entre les individus, mais affirmait que *l'humanité* (*i.e.* le caractère de l'être humain) ne pouvait s'acquérir que si l'on est membre d'une communauté (*Gemeinschaft*) ancrée dans un sol (*bodenständig*). Le Juif, *bodenlos* et *Heimatlos* par construction, n'était donc pas *homme,* et ne pouvait « entrer dans l'histoire ».

Trois décennies plus tard il réaffirma que « Tout ce qui est grand et essentiel n'est apparu que parce que l'homme a eu une patrie (*Heimat*) et a été enraciné dans une tradition »[140]. L'entretien n'ayant été publié, sur ses instructions, qu'au lendemain de sa mort, nul n'a pu lui demander ce qui, pour lui, fut « grand et essentiel » entre 1933 et le milieu des années 1960…

La *Heimat* du Reich

Comme M. Heidegger, les nazis n'ont pas découvert la *Heimat :* ils l'ont reçue avec leur première culotte de peau. George L. Mosse l'a bien montré[141] : les racines

---

[138] L'antisémitisme de M. Heidegger étant avéré, il s'agit pour ses défenseurs d'en faire un racisme *ontologique*, de le replacer dans *l'histoire de l'être.* Voir par exemple : Peter Trawny : *Heidegger et l'antisémitisme.* Sur les « Cahiers noirs ». Paris, Seuil, 2016, 174 p.

[139] En 1937, une exposition organisée à Munich pour disqualifier « l'art dégénéré » (« *Entartete Kunst* ») consacrera l'usage du terme.

[140] *Nur noch ein Gott kann uns retten* (Seul un Dieu peut nous sauver) Interview au magazine *Der Spiegel*. Réalisée en mai 1966 elle ne sera publiée, que le 31 mai 1976, cinq jours après sa mort, comme il l'avait imposé.

[141] George L. Mosse : *Les racines intellectuelles du Troisième Reich. La crise de l'idéologie allemande.* Paris, Calmann-Lévy, 2006 (p. 43) (1ère éd. en 1964). Au-delà du mouvement *völkisch*, regardant le

intellectuelles du Troisième Reich plongeaient dans le terreau völkisch et c'est de cet héritage idéologique qu'est issue ce que Johann Chapoutot appelle la « révolution culturelle nazie »[142]. Dès le printemps 1933, c'est au nom de cette conception de la *Heimat* que l'on brûla des livres. Au soir du 10 mai, sur la place du Marché de la petite ville de Bonn, au moment même où se tenait à Berlin un grand autodafé, le germaniste et philologue Hans Naumann prononça un discours explicite : « Nous voulons une littérature qui rende à la famille et à la *Heimat*, au peuple et au sang, le caractère de liens sacrés ». Il ajouta, pour faire bonne mesure : « Si un livre de trop tombe ce soir dans les flammes, c'est moins grave que s'il en manque un ». Une fois « saturée d'angoisse biologique et tissée d'avertissements apocalyptiques »[143], cette idéologie ne pouvait donc que réaliser la sombre prédiction de H. Heine (*Almansor*, 1821) : « Là où l'on brûle des livres, à la fin on brûlera des hommes »[144].

Les nazis invoquaient souvent la *Heimat* mais il n'y avait pourtant guère de place pour ce thème dans ce que l'on répugne à appeler leur *Weltanschauung*[145]. En

---

Hitler, un film d'Allemagne de Hans-Jürgen Syberberg » (1977, 480 mn), on n'a pu s'empêcher de comparer l'exaltation irrationnelle et mortifère du mouvement romantique et le masochisme nazi.

[142] Johann Chapoutot : *La révolution culturelle nazie*. Paris, Gallimard, 2017.

[143] L'expression est de Johan Chapoutot : *La révolution culturelle nazie*… ouvr. cité, (p. 13)

[144] « *Dort wo man Bücher verbrennt, verbrennt man auch am Ende Menschen* ». Heinrich Heine: *Almansor. Eine Tragödie.* (Edition originale en 1821). Berlin, Holzinger Ausgabe (vers 243). Le livre dont il est question dans la pièce de H. Heine est le Coran que l'on jette au feu lors de la *Reconquista*.

[145] La *Weltanschauung* des nazis a peu à voir avec celle d'E. Kant dans sa *Critique de la faculté de juger*. Le terme appartient chez eux à cette « répugnante lavasse des discours, commentaires et articles »

témoignent deux interventions de responsables nazis lors du Congrès du NSDAP en 1934. Ouvrant la séance en présence d'Adolph Hitler, Rudolf Hess (alors secrétaire général du NSDAP) déclara : « L'Allemagne atteindra son but : devenir la *Heimat* de tous les Allemands du monde » et, dans les minutes qui suivirent, Julius Streicher (directeur du journal antisémite *Der Stürmer*) ajouta : « Un peuple qui se désintéresse de la pureté de sa race périra »[146]. En deux phrases, tout est ainsi dit de la *Heimat* des nazis : c'est une Grande-Allemagne (*Großdeutschland*) débarrassée des Juifs (*Judenrein*).

Le passéisme et les valeurs conservatrices que véhiculait la conception traditionnelle de la *Heimat* allaient clairement à l'encontre des idéaux révolutionnaires du national-socialisme. L'activiste SA n'allait pas à la messe, se baignait nu et n'était pas insensible à « l'érotisme de la société masculine » dont parlait Hans Blüher dès 1921[147]. Le néo-paganisme des *croyants-en-Dieu* nazis (les *Gottglaübigen*), ne s'embarrassait pas de clergé ni de théologie et, s'il composa un temps avec les autorités religieuses, débouchait finalement sur un panthéisme qui combinait la célébration de la lumière (au moment des solstices) avec la croyance morbide en un « éternel retour ». Cet état d'esprit renvoyait à la culture permissive et éclectique du mouvement de jeunesse, mais ne correspondait guère au fonds culturel dont les nazis voulaient doter la

---

dont parle Viktor Klemperer dans *LTI, la langue du IIIe Reich* (ouvr. cité, p. 35).

[146] On entend des extraits de ces discours dans le film de Leni Riefenstahl : *Triumph des Willens* (1935) (Le triomphe de la volonté), vers la 24e minute.

[147] Hans Blüher : *Die Rolle der Erotik in der männlichen Gesellschaft* (Le rôle de l'érotisme dans la société masculine), Iéna, Klett, 1917-1919, 2 vol. Non traduit. Hans Blüher est aussi l'auteur d'une histoire du mouvement des *Wandervögel*.

Volksgemeinschaft. Ils se contentèrent donc, dans un premier temps, de faire de la *Heimat* le nom du bon sens populaire, celui qu'exprimait par exemple l'écrivain autrichien Peter Rosegger lorsqu'il opposait « le naturel à l'artifice, le campagnard au citadin, la simplicité au faste, les faits au savoir, le cœur à l'esprit » [148].

A ce stade, leur production cinématographique ne trahissait pas plus d'intérêt pour la *Heimat.* Seuls de rares films, comme le *Heimkehr* de Gustav Uciky (1941) ou *Die weisse Hölle der Piz Palü* (L'enfer blanc du Pic Palu), d'A. Franck et G.W. Pabst (1929) s'approchaient du thème, mais restaient inscrits dans le registre relativement neutre de la *saga familiale* ou du *film de montagne*. Tout au plus note-t-on dans ce deuxième film la présence de l'actrice Leni Riefenstahl, qui n'était pas encore l'égérie de l'hitlérie, et de Hans Udet, un as de la Luftwaffe de la première Guerre mondiale, qui n'avait encore pris ses distances avec Goering. Un peu plus tard, *Am heiligen Wassern* (Les eaux sacrées, 1931) d'Erich Waschneck et *Der König vom Mont Blanc* (Le Roi du Mont Blanc, 1934) d'Arnold Frank introduisirent une dimension héroïque qui restait elle aussi assez convenue.

Malgré la multiplication des films de propagande (de *La victoire de la foi* de Leni Riefenstahl en 1933 à *OHM Krüger* (Président Krüger, 1941) de Heinz Steinhoff, rares sont les productions nazies qui eurent la *Heimat* pour cadre. Ce n'est qu'à la veille de la guerre que des films comme *Gewitter im Mai* de Hans Deppe (Orage en mai, 1938) et *Heimat* de Carl Froehlich exaltèrent plus explicitement la *Gemeinschaft* villageoise. Dans le premier, Leopold (Viktor Staal) revient au village après un long séjour en mer et retrouve son amour de jeunesse en

---

[148] Peter Rosegger (1843-1918) : *Geschichte aus der Steiermark* (Contes de Styrie). Berlin, Holzinger Ausgabe, 2016 (première édition en 1871). Non traduit.

même temps que les plaisirs et les risques de l'escalade. Dans le second, Magdalena (Zarah Leander en cantatrice) tente de renouer avec son père (Heinrich George), abandonné huit années auparavant, quelque part sur les marches orientales de l'Empire wilhelminien. Enracinement dans la *Heimat*, solidarité villageoise, piété filiale y sont les vertus, somme toute bourgeoises, mises en exergue.

Ces films avaient pour fonction essentielle de faire oublier les aléas et les angoisses de la guerre, de l'invasion de la Pologne aux bombardements des villes allemandes. *Der Postmeister* (*le Maître de poste*, 1940) du prolifique Gustav Ucicky, dont l'action se déroule au cœur de la Forêt-Noire, *Am Abend auf der Heide* de Jürgen von Alten (*Le soir sur la lande*, 1941) au scenario lénifiant et le chassé-croisé amoureux *Ulli et Marei* de Leoplod Hainisch (1944) sont, au sens plein du terme, des films de *distraction.* Le plus grand succès du cinéma nazi reste la bluette romantique *Das Wunschkonzert* d'Edouard von Borsody (*Concert à la demande*, distribué en France sous le *titre L'épreuve du temps*) qui attira plus de 25 millions de spectateurs de 1940 à 1945. Il fallut attendre la sortie des deux films de Veit Harlan *Jud Süß* (Le Juif Süss, 1940) et *Festung Kolberg* (Forteresse Kolberg, 1945), pour voir s'imposer des thèmes racistes, et un appel, sous couvert de défendre la *Heimat*, à « la guerre totale »[149].

Ces dernières productions sont travaillées par l'obsession de l'endémisme et exhalaient une névrose identitaire qui rejaillissait sur la *Heimat*. Elles traduisaient en effet une conviction déterministe selon laquelle l'âme d'un peuple était le reflet de son paysage (*Landschaft*)

[149] Ce dernier film mobilise plusieurs milliers de figurants alors que la Wehrmacht recule en Russie. La première projection a lieu à la Rochelle au printemps 1945, alors que la ville est encerclée par les Alliés et les FFI.

d'origine. Aussi, de la même manière qu'il proscrivait le « crime contre le sang » qu'était l'alliance avec des non-aryens, le nazisme considérait-il comme important que le paysage de la *Heimat* ne soit pas pollué par des plantes étrangères. La défense de cette intégrité était confiée au *Service central de cartographie végétale du Reich,* fondé par le sociologue des plantes Reinhold Tüxen en 1939[150]. En préservant le paysage, on espérait protéger l'essence de l'âme germanique. Cet idéal était popularisé à travers des revues comme *Gartenkunst* (L'Art des jardins) qui prônaient un jardin en harmonie avec *le Sang et le Sol*[151].

Certains botanistes allèrent plus loin en cherchant à éliminer des plantes (dites *allogènes*) pour favoriser le développement d'espèces *bodenständig* (*indigènes*, du terroir). Au printemps 1942, alors même que se préparait l'offensive contre la Russie, il se trouva des milliers de personnes pour participer à la « guerre d'extermination » (*Ausrottungskrieg*) lancée contre *Impatiens parviflora* (la balsamine à petites fleurs, originaire d'Asie) qualifiée d'« intruse mongole » et dont on disait qu'elle menaçait l'endémique *Impatiens noli me tangere*[152]. Quelques mois plus tard, les participants à la conférence de Wannsee fixeront les modalités de la « solution finale » de la « question juive » avec le même mot (*ausrotten,* soit : arracher, supprimer, exterminer).

---

[150] Gert Gröning : *Sur les recommandations pour éviter la culture des plantes étrangères en Allemagne au XXe siècle* in A. Roger et Fr. Guéry (dir.) : *Maîtres et protecteurs de la nature.* Paris, Champ Vallon, 1991, 329 p. (pp. 277-290)

[151] Albert Krämer : *Pflanzensociologie und der Blut- und Bodenverbundene Garten.* (La sociologie des plantes et le jardin *Sang et Sol*) dans *Gartenkunst*, 1936/3, pp. 40-43. Non traduit.

[152] Gert Gröning, ouvr. cité. Voir aussi le catalogue de l'exposition *L'imaginaire des Jardins*, au Grand Palais, 15 mars au 24 juillet 2017. Paris, Editions RMN, 2017, 352 p.

La *Heimat* nazie est donc l'expression d'un rapport entre le sang, c'est-à-dire la race, et le sol dans lequel celle-ci était supposée s'ancrer. Les idéologues nazis revisitèrent cette conception éminemment *völkisch* et articulèrent au plan politique les trois niveaux d'identité spatiale que sont la *Heimat*, le *Gau* (la région) et le *Reich*[153]. Aucun des deux premiers niveaux ne devaient cependant supplanter la communauté soudée qu'était la *Volksgemeinschaft* (la communauté du peuple). Celle-ci excluait en effet toute appartenance locale et toute loyauté intermédiaire. C'est ce que résumait bien le slogan « *Ein Volk, ein Reich, ein Führer* » : l'individu n'est rien hors du peuple, le patriotisme n'a de raison d'être qu'au seul niveau de la nation et le Führer est l'incarnation et la clé de voûte de cette construction.

Le terme *Heimat* était donc, dès avant la guerre, très présent dans le riche corpus administratif et guerrier nazi. On y ajouta le concept de « *Heimatfront* » qui permettait de fondre la *Volksgemeinschaft* dans l'effort de guerre commun. Animé par la lutte des civils, ce « front intérieur » regroupait les activités liées au transport, à la sécurité civile, à la production industrielle et agricole. Il permettait de mobiliser les femmes, les jeunes et les vieillards au sein d'organisations structurées par quartier (en ville) ou par cercle (*Kreis*) ou région (*Gau*) (dans l'espace rural) pour des tâches civiles et militaires. Les forces vives venant à manquer celles-ci furent d'ailleurs bientôt confondues : les adolescents des *Jeunesses hitlériennes* et les jeunes filles du *Bund Deutscher Mädel* servirent d'auxiliaires militaires, souvent affectés à la défense aérienne, et les hommes âgés furent incorporés

---

153 Claus-Christian Szejnmann et Maiken Umbach : *Heimat, Région and Empire. Spatial identities under National-Socialism.* Londres, Palgrave Mac Millan, 2012. (*Heimat*, Gau et Reich. Identités spatiales sous le national-socialisme) (non traduit)

dans les milices du *Volksturm* au nom de la défense d'une *Heimat sang et sol*, c'est-à-dire de la patrie et de la race.

Sous l'égide de Walther Darré[154], les idéologues nazis enrichirent dans ce domaine un vocabulaire qui n'eut bientôt plus rien à voir avec l'attachement à la *Heimat* : à *völkisch* et *blut und boden,* déjà utilisés de façon roborative, leur imagination lexicale ajouta *volkhaft* (ethnique), *arthaft* (spécifique), *arteigene* (propre à l'espèce), *volkstümlich* (populaire, propre à l'esprit du peuple), *bodenentstammt* (autochtone, littéralement : planté comme un tronc dans le sol) et ainsi de suite… A ce stade de satiété, on aimerait suivre l'invite de Viktor Klemperer et « mettre beaucoup de mots en usage chez les nazis, pour longtemps, et certains pour toujours, dans la fosse commune »[155].

C'est ainsi que la conception jusqu'alors informelle de la *Heimat* – elle n'impliquait aucune reconnaissance administrative ou politique – devint le synonyme de la nation. Mais les nazis ne se contentèrent pas d'en pervertir le sens : ils ajoutèrent au *jus sanguinis* prévu par la loi bismarckienne de 1913 pour accéder à la nationalité allemande, la condition vague de la « fidélité » (die *Treue),* assortie d'une profession politique de confiance dans le *Volk* et le *Führer*. Cela donna naissance à une catégorie juridique qui devint rapidement pléthorique, celle du *Heimatlos*. Alors, comme l'écrit Joseph Rovan[156], « le doux et chaud rempart de la *Gemütlichkeit*, de la vie de famille, des Noëls chantants

---

[154] Idéologue nazi, chantre du nordicisme et de la race germanique, Walter Darré (1895-1953) a été ministre de l'agriculture du Reich de 1933 à 1942 et chef du Bureau du Reich pour la race et la colonisation (RuSHA) de 1931 à 1938. Son discours sur « La paysannerie comme source de vie de la race nordique » (1928) et son ouvrage « La nouvelle noblesse du sang et du sol » (1930) ont servi de bréviaire après la prise de pouvoir.

[155] Victor Klemperer : LTI, la langue du IIIe Reich. *Carnets d'un philologue.* Paris, Albin Michel, 1996. Note 4-5 (pp. 340 et 41)

[156] Joseph Rovan : *Allemagne…*ouvr. cité (p. 6)

et qui sentent bon la pomme cuite » ne tint pas longtemps « devant l'assaut des Walkyries ».

Seule la défaite débarrassa la *Heimat* de ses oripeaux nationalistes. Dans les derniers mois de la guerre, le déplacement de la population vers les campagnes et les petites villes signa l'effritement du pouvoir central et renforça celui des *Gauleiter* et des autorités locales, priés de faire face au désastre. La défaite consacra l'affaissement rapide du sentiment national : dans les camps de prisonniers la nostalgie de la *petite patrie* l'emportait désormais sur la grande[157]. Face à l'atomisation de la *Volksgemeinschaft,* la *Heimat* fut donc le lieu privilégié de la résilience allemande. C'est elle qui fut chargée d'accueillir les prisonniers qui rentraient progressivement dans leurs foyers et ceux, encore plus nombreux, qui furent chassés des territoires perdus du défunt Reich.

[157] C'est ce que montre Fabien Théofilakis dans *Les prisonniers de guerre allemands en France, 1944-1949*. Paris, Fayard, 2014 (p. 465 et p. 481).

4.
La *Heimat* entre mythe et désillusion

Après le temps des bûchers et des charniers vint celui des transferts de population. On sait que le grand remue-ménage des années d'après-guerre fit des millions de déracinés pour qui le pays natal abandonné (qu'il soit village ou contrée) devint un paradis perdu. Pour les Allemands qui connurent les affres de « la fuite et de l'expulsion » (*Flucht und Vertreibung*) et rejoignirent un pays rapetissé, et bientôt divisé, la perte de la *Heimat* silésienne ou prussienne fut effectivement une déchirure[158]. Ils nourrirent longtemps l'espoir d'y retourner. Cette nostalgie les poussa non seulement à idéaliser un temps et des lieux, mais également à revendiquer un droit au retour dont personne ne put les convaincre, plusieurs décennies durant, qu'il était illusoire. Pour d'autres, en particulier ceux qui vécurent dans les ruines des grandes villes incendiées et des régions industrielles dévastées par les combats, la nostalgie du monde d'avant-guerre se porta sur les territoires de leur enfance, au temps béni des fêtes familiales au sein de

---

[158] On n'oubliera pas que l'histoire des migrations au lendemain de la guerre ne se résume pas au seul déplacement des Allemands. Sans parler des migrations à l'intérieur de chaque pays, il faut se rappeler que 8 millions de personnes étrangères sont présentes à divers titres en Allemagne en 1945 (2,3 millions de Français, 1,8million de Russes, 1,4 millions de Polonais, etc... Certaines attendront longtemps, et dans des conditions difficiles, leur rapatriement. Leur histoire est retracée par Ben Shepard : *Le long retour 1945-1952. L'histoire tragique des déplacés de l'après-guerre)*. Paris, Albin Michel, 2014.

communautés soudées et de la communion avec un environnement préservé. Cette mythification fit de la *Heimat* l'outil d'une résilience allemande dont on a pourtant rarement fait cas. Il est vrai qu'en mettant l'accent sur le miracle économique (*Wirtschaftswunder*) plutôt que sur les ressorts culturels et psychologiques du redressement allemand, on esquivait le débat piégeux sur le *Sonderweg*, ce supposé cheminement particulier de l'histoire allemande.

La *Heimat* des expulsés.

Des douze millions d'Allemands qui durent fuir les territoires perdus de l'Est, huit furent réinstallés dans les zones occupées par les puissances alliées occidentales et quatre dans la zone soviétique. En principe, tous avaient vocation à trouver dans l'une ou l'autre des quatre zones d'occupation (et ensuite dans l'un des deux Etats allemands) une nouvelle *Heimat* et donc à refuser un statut *d'apatride* (*Heimatlos*) que personne du reste ne fut tenté de leur octroyer[159].Ce n'est qu'en mai 1953 qu'un décret fédéral définit pour ceux qui résidaient à l'Ouest un statut officiel de *Heimatvertriebene* (expulsés de leur *Heimat*). Il concernait les *Reichsdeutschen (Allemands du Reich* dans ses frontières de 1937) et les *Auslandsdeutschen* (Allemands de l'étranger, essentiellement de Russie, de Pologne ou de Roumanie).

La dénomination *Vertriebene* fut discutée dès ce moment, car les motivations et les raisons des départs des uns et des autres étaient très diverses. Certaines des personnes concernées étaient des *rapatriés* réinstallés dès *avant* la guerre dans le cadre de la politique *Heim ins*

---

159 Le *jus sanguinis* et le critère de la *communauté historique de destin* définie par la *Reichs- und Staatsangehörigkeit Gesetz* (la loi sur l'appartenance au Reich et à l'Etat) de 1913 faisaient obligation d'accueillir libéralement tous ces *Volksdeutschen*.

Reich (Retour dans le Reich). C'était le cas des habitants des territoires détachés du Reich aux termes du traité de Versailles (Schleswig, régions de Memel et de Posen et Prusse occidentale) et rapatriés dans le cadre d'accords bilatéraux. D'autres avaient été *déplacés* (u*mgesiedelt*) des régions baltes ou de régions comme la Volynie à l'occasion d'accords entre états antérieurs eux aussi à la guerre[160]. On avait généralement *euphémisé* ce dernier déracinement en parlant de « déplacement de *Heimat* » (*Heimatbewegung*). Certaines de ces personnes ne furent pas réinstallées dans les territoires historiques du Reich, mais dans les « régions incorporées » (c'est-à-dire issues du partage de la Pologne) du *Gau* de Dantzig-Prusse occidentale ou du Wartheland (autour de Posen). Celles-là connurent un deuxième déracinement à l'issue de la guerre, lorsqu'elles furent de nouveau chassées vers l'Ouest.

La majorité des déplacés étaient cependant des *réfugiés* (*Flüchtlinge*) ayant quitté les zones de combats ou des *expulsés* (*Vertriebenen*), chassés de Poméranie, du Brandebourg oriental, de Silésie et de Prusse orientale et de la région de Dantzig dans les mois ou les années qui suivirent la fin des combats. On peut inclure dans cette catégorie les Allemands des Sudètes, région tchèque rattachée en 1938 seulement au Reich, qui furent également victimes de mesures d'expulsion souvent brutales.

Jusqu'au tournant *(die Wende)* de 1989, le législateur n'éprouva pas le besoin de différencier juridiquement ces statuts. En dehors de toute considération administrative, ces personnes étaient communément appelées

[160] Un accord plus tardif entre Hitler et Mussolini permit de rapatrier une partie de la population germanophone du Trentin-Adige (Sud-Tyrol pour les Autrichiens) et confirma le rattachement de celui-ci à l'Italie.

Ostvertriebene en RFA, terme qui dit à la fois l'origine géographique (*Ost*, l'Est) et la cause historique de leur déplacement (*vertreiben,* expulser)[161]. Dans les Républiques populaires de l'Est (en RDA mais aussi dans les « pays frères »), on parla par contre, durant toute cette période, de *déplacés* (*Umsiedler*).

Leur intégration, parfois présentée comme une réussite, fut en réalité souvent difficile, parfois même douloureuse. L'historien Andreas Kossert en a montré les difficultés matérielles et morales et a insisté sur la « discrimination », voire le « racisme », dont ils furent victimes[162]. Les expulsés furent imposés aux collectivités locales par un système de péréquation et cette « répartition du fardeau » (*Lastenausgleich)* fut faite de manière autoritaire, voire arbitraire. En conséquence, ils furent souvent rejetés par les populations. Bien que dotés de passeports allemands, ils étaient souvent considérés comme des étrangers ou, du moins, comme des citoyens de seconde classe (*Unterschicht*), quand ce n'était pas comme des fauteurs de guerre. Une partie de la population était agacée par leur « pathétisme de pacotille »[163] et leur reprochait de croire qu'ils avaient été seuls à avoir souffert. Quelques années plus tard, les mêmes, et d'autres, invoquant la nécessité de « tourner la page » souhaitèrent également mettre un « point final » (*Schlußstritt*) au ressassement de la guerre

[161] Le dictionnaire Duden (Deutsches Universal Wörterbuch… , ouvr. cité) est plus restrictif. Pour ses rédacteurs, il s'agit de « quelqu'un qui, après 1945, a dû quitter les régions orientales du Reich, ou plutôt les régions d'implantation au-delà des frontières du Reich telles qu'elles étaient définies en 1937 ».

[162] Andreas Kossert : *Kalte Heimat. Die Geschichte der deutschen Vertriebenen nach 1945.* Munich, Siedler Verlag, 2008, 432 p. (Froide *Heimat*. Histoire des expulsés allemands après 1945). Non traduit.

[163] L'expression est utilisée par Hannah Arendt, à l'issue d'un voyage entrepris en 1949, selon Géraldine Schwarz : *Les Amnésiques*. Paris, Flammarion, 2017.

et revendiquèrent un droit, sinon à l'oubli, du moins à l'indifférence.

La création des *Landsmannschaften* (associations de personnes originaires de la même région) contribua grandement à la construction de la mémoire du *Flucht und Vertreibung* et au culte de la *Heimat.* Regroupées au sein du *Bund der Vertriebener Deutscher* (BVD), les plus importantes, celles de Silésie, des Sudètes et de Prusse Orientale, devinrent des acteurs majeurs de la vie politique en RFA[164]. D'orientation conservatrice, elles eurent dès leur création une vision restrictive des responsabilités de l'Allemagne dans le déclenchement de la guerre. Nombreux parmi leurs adhérents furent ceux qui pensaient que ce fut pour répondre à une agression polonaise qu'Hitler avait déclenché la guerre ; que ses ennemis de l'Ouest comme de l'Est avaient commis, en bombardant les villes allemandes et en coulant le Gustloff, (un navire civil de la *Kraft durch Freude* chargé de milliers de réfugiés) des crimes pires que ceux d'Auschwitz et *in fine* que la source de leur malheur venait de la signature des accords de Potsdam. Très tôt, une partie de la classe politique instrumentalisa leurs souffrances et leurs humiliations et, dans une optique révisionniste, prétendit que les Allemands, eux aussi, avaient été des *victimes*.

Les *Landmannschaften* organisèrent dès les années soixante des voyages en Mazurie, à Kaliningrad (toujours nommée par elles Königsberg) ou en Silésie. Mais, malgré un surcroît de curiosité au moment de la chute du *rideau de fer*, la plupart de leurs membres ne sont jamais revenus au pays natal. Ils en sont convaincus : la *Heimat* qu'ils ont quittée n'est pas celle qu'ils retrouveraient. Dès le début

---

[164] Cette fédération regroupe une vingtaine de Landsmannschaften organisées en 400 sections régionales et plus de 14 000 cercles locaux particulièrement présents et actifs en Rhénanie-Westphalie et dans le sud de l'Allemagne.

des années 1950, certains de leurs membres décidèrent d'entretenir autrement la mémoire de la *Heimat* et leur propre anamnèse. Ils reprirent la tradition des *Heimatstuben,* micro-musées privés dans lesquels ils accumulèrent des souvenirs hétéroclites : instruments de musique, outils de l'artisanat local, échantillons minéralogiques et planches représentant la flore locale et mille autres témoins du temps passé. Au fronton des maisons qui les abritent flotte aujourd'hui encore le drapeau de la *Heimat* concernée. Un étendard prussien noir et blanc assurera par exemple au visiteur qu'il trouvera en poussant la porte la recette des *Königsbergerklopse*[165].

Prolongeant la tradition des *Heimatbücher (*les livres de *Heimat)* ils publièrent des ouvrages qui allaient du recueil de souvenirs d'enfance au dramatique récit de l'expulsion. L'historienne Ulrike Frede, qui les a recensés pour le comté de Glatz en Haute-Silésie[166], a pu distinguer plusieurs phases successives dans la construction de la mémoire du *Vertreibung* : d'abord la sidération face à la défaite et au deuil qui agit comme une suspension du temps, puis un rejet de l'histoire et de tout récit rationnel et enfin une mise à distance, préalable parfois à un relatif apaisement.

L'attachement aux origines s'est en effet émoussé au fil des décennies. Un processus de *déheimatisation* s'est même mis en route chez certains. Ceux-là ne participent plus aux cérémonies du *Jour de la Heimat* qui commémorent le début de leur exil et ne contribuent plus au financement des lieux de mémoire (*Gedenkstätte*) de

[165] Sorte de boulettes de viande hachée aux câpres, spécialité populaire de Königsberg.

[166] Ulrike Frede : *Unvergessene Heimat Schlesien.* Marburg, N.G. Elwert, 2004, 396 p. et annexes (Silésie, *Heimat* inoubliée). Non traduit. Glatz s'appelle aujourd'hui Ziéma Klodzka.

l'évènement. Ils tentent d'oublier et laissent croire qu'ils y sont parvenus. Mais pour eux, et a fortiori pour tous les autres, il n'est pas certain que l'adage « *Entfernung macht Heimat* » (L'éloignement fait la *Heimat*) ait tout à fait perdu de sa pertinence…

L'idylle *Heimat*

Pour ceux des Allemands qui ne connurent pas les épreuves de la fuite et de l'expulsion, la *Heimat* fut un repli logique et rassurant, une représentation identitaire commode. La faillite du Reich, qui signait l'échec du projet de la Grande Allemagne (*Grossdeutschland*), renvoyait les survivants à leur espace proche, à des solidarités écrasées par le totalitarisme, mais jamais effacées : la famille, le village, la région.

Ils durent cependant commencer par déblayer les gravats et redresser une économie exsangue dans une atmosphère étouffante. La littérature de ce temps, une « littérature des décombres » (*Trümmerliteratur*) reflète bien le désarroi ambiant. Günter Grass, Uwe Johnson, Arno Schmidt ont raconté, dans des récits courts, écrits dans une langue épurée, la douleur de la perte des lieux, des liens et des biens. Les œuvres d'Heinrich Böll, de *Rentrez chez vous Bogner* (1953) jusqu'à *Fin de mission* (1966), décrivent également cette sombre expérience.

Mais une fois passées les difficultés immédiates de la reconstruction, s'ouvrirent deux décennies de commémoration exaltée, voire délirante, de la *Heimat (die Heimattümmelei)*. Elles furent en particulier jalonnées par la floraison des films de *Heimat (Heimatfilme)*. Ce genre, qui existait déjà sous la république de Weimar et à l'époque nazie, prit sur les écrans la relève des « films des décombres » (*Trümmerfilme*) dont le sombre *Die Mörder sind unter uns (*Les meurtriers sont parmi nous*)*, tourné en 1946 dans les ruines de Berlin, est l'archétype. Entre 1950 et 1962 plus de 300 *Heimatfilme* furent ainsi produits, soit près du quart de la production cinématographique allemande de la période[167].

A la différence des auteurs de la *Trümmerliteratur,* qui se posaient la question de la culpabilité personnelle et collective des Allemands dans l'holocauste et les crimes de guerre et tentaient de comprendre le passé pour construire l'avenir[168], les *Heimatfilme* firent l'impasse sur cette interrogation. En cela ils rencontraient le désir du public de tourner la page et leur succès fut immense. *Schwarzwaldmädel* de Hans Deppe (*Les jeunes femmes de la Forêt-Noire, 1950*) fut le tout premier film en couleurs produit en RFA et connut de ce fait un accueil enthousiaste. *Grün ist die Heide* (*Verte est la lande, 1951*) du même réalisateur attira 15 millions de spectateurs, un peu moins que *Der Förster von Silberwald (Le garde forestier de Silberwald, 1954)*, film autrichien de F. Solm et A. Stummer qui séduisit 22 millions de personnes entre 1955 et 1962[169].

Dans les films de *Heimat*, le village, moins affecté par les destructions que les grandes villes allemandes, était le lieu privilégié, voire unique de l'action. Dans des paysages de carte postale (montagnes, lacs, forêts, campagnes ouvertes et pimpantes) se développaient des joutes amoureuses et des intrigues de roman à l'eau de rose. Les animaux s'y ébattaient en liberté. Le cheptel domestique

---

[167] Gerhard Bliersbach : *Nachkriegskino. Eine Psychohistorie des westdeutschen Nachkriegsfilms 1946-1963.* Gießen, Psychosozial-Verlag, 2014. (Le cinéma d'après-guerre. Une *psychohistoire* du film d'après-guerre en Allemagne de l'Ouest, 1946-1963). Non traduit.

[168] Cet effort d'introspection est souvent appelé « *Bewältigung des Vergangenen und Neuaufbau der Zukunft* » (littéralement : le fait d'assumer le passé et la reconstruction d'un avenir)

[169] Il faut comparer ces chiffres, pour en comprendre l'ampleur, aux 6,3 millions d'entrées de *Good bye Lenin* de Wolfgang Becker (2003), le plus grand succès contemporain du cinéma allemand.

était évidemment présent : chèvres, moutons, vaches et chevaux ainsi que la *star* Bella, une chienne qui apparut dans plusieurs *Heimatfilme.* Signe d'un environnement préservé, la faune sauvage était remarquablement diverse. Dans *Wo die alten Wälder rauschen* de A. Stummer (Le murmure des vieilles forêts, 1956), apparaissaient ainsi successivement un renard, une martre, un faucon, des cerfs, des chamois et un vautour. Toujours et partout, la nature était profuse et généreuse et l'alpe accueillante : on y trayait peu la vache, mais on y faisait beaucoup de musique et on y iodlait à souhait. Comme dans *Wo der Wildbach rauscht* de Heinz Paul (Le murmure du torrent, 1956), l'eau y coulait en torrents impétueux L'histoire était presque effacée, remplacée par une géographie édénique.

Avec les lacs, la lande et la montagne, la forêt était le cadre naturel privilégié du *Heimatfilm.* Le plus souvent c'était une sombre *Urwald, une forêt primitive* plantée de sapins, arbre dont M. Tournier a pu écrire que, « droit et dru, vert et vernissé, étagé régulièrement comme un édifice de justice », il est « le plus allemand des arbres »[170]. Parmi les héros*, le Förster* était le plus récurrent. Présent également sur la lande (*die Heide*), il luttait contre les braconniers, ce qui ne l'empêchait pas, dans les *scenarii* courants, d'épouser leurs filles. Garde-forestier, toujours en uniforme, souvent armé d'une carabine, il était chargé de la gestion et de l'exploitation des forêts collectives, mais aussi de la protection de la faune. Il les protégeait contre les coupes illégales et l'incendie, afin d'en préserver l'existence et en garantir la richesse vivante.

On retrouvait ainsi une problématique déjà présente dans *Ewiger Wald* (Forêt éternelle), un documentaire nazi

---

[170] Michel Tournier : *Le Roi des Aulnes*. Paris, Gallimard, 1970 (coll. Biblos, p. 547)

de 1936. Ce film sombre et grandiloquent assimilait de façon explicite, voire lourde, la forêt et la race : l'arbre plonge ses racines dans le sol pour en tirer la sève, tout comme le peuple s'enracine dans un territoire pour en tirer son sang. La déforestation, de l'Antiquité jusqu'aux temps modernes, y était mise au compte de la christianisation et signait la perte d'identité de la nation, sa « dénaturation ». Protéger la forêt contre les déprédations revenait donc à protéger l'essence même du peuple, sa germanité. Dans les *Heimatfilme* des années cinquante, la métaphore était encore présente. Mais l'incendie était désormais le fait de citadins imprudents ou de marginaux déréglés comme dans *Das Schweigen im Walde* de Helmut Weiss (Silence dans la forêt, 1955, vers la 82e minute) et résultait d'un désordre social qu'il convenait de corriger au plus vite.

Quelques images renvoyaient incidemment à *l'hubris* nazie. Certaines scènes de *Föhn*, S*turm an der Ostwand (Tempête sur la face Est, 1950*) d'A. Frank et G.W. Pabst n'étaient pas sans rappeler les images de *Die weisse Hölle vom Piz Palü* (L'Enfer blanc du Pic Palu), tourné par les mêmes réalisateurs en 1929 et sonorisé en 1936. Dans la tourmente, la conduite héroïque et la solidarité du groupe étaient magnifiées. Dans *Die Zwilinge vom Zillertal* d'Harald Reinl (Les Jumelles de Zillertal, 1957, à partir de la 65e minute), un défilé de groupes folkloriques et de Förster en armes marchant au pas, fanions hauts, rappelait immanquablement d'autres défilés tout aussi ordonnés. Un feu de la Saint-Jean ranimait le souvenir des cérémonies païennes du solstice d'été dans *Johannisnacht*, film du même H. Reinl (La nuit de la Saint-Jean, 1952). L'arrestation de braconniers par un groupe de *Förster* dans *Der Jäger von Fall* (Le chasseur de Fall, 1957) de Gustav Ucicky (à partir de la 39e minute) avait des échos guerriers. Mais, du moins, à la fin, les bons l'emportaient, comme dans les *westerns* auxquels ils sont aujourd'hui encore souvent comparés.

D'une façon générale, ces films n'avaient cure de la réalité. « Personne ne va au cinéma pour voir la réalité, dit à leur propos l'historienne suisse Carolin Moosman[171], parce que la réalité, on l'a devant la porte ! » Le *Heimatfilm* était donc explicitement un film de rédemption, une ode à l'ordre et à la convivialité villageoises autant que la célébration vibrante de la communion avec la nature. La guerre et ses horreurs constituaient une parenthèse qu'il convenait de refermer. C'est ce que firent les *Heimatfilme* en inscrivant l'histoire et la nature dans des temporalités différentes : la guerre a été un accident, la nature est éternelle... La *Heimat* des *Heimatfilme* était bien « la forme ravissante du rêve éveillé »[172].

Dans *Heidi*, film suisse de Luigi Commencini de 1952 qui s'inspirait du roman de Johanna Spyri[173] (1882) et connut jusqu'en 2015 de nombreux *remake*, une petite orpheline arrachée à son grand-père revenait au village. L'exil forcé de la petite fille, malgré la bonne volonté de sa famille d'accueil, s'achevait ainsi par un retour aux sources et une célébration édifiante du *Heimkehr*. Son retour scellait non seulement les retrouvailles de celui-ci avec sa communauté, mais faisait de Dörfli[174] le lieu de la santé et du bonheur par opposition à la maladie et à la tristesse urbaines. Dans *Heimatlos* de Herbert B. Fredersdorf (1958), le mauvais fils qui avait abandonné ses parents était de retour, fortune faite. Il était pardonné et épousait l'orpheline - belle, mais sans dot - que la famille

---

[171] Carolin Moosman : *Die Geschichte des deutschen Heimatfilms : zwischen Traumwelt und Kommerz.* San Francisco, Grin Publishing, 2007. (Histoire du film allemand de *Heimat* : entre rêve et commerce). Non traduit.

[172] Ernst Bloch: *Le Principe Espérance…* ouvr. cité (tome 1, p. 379)

[173] Johanna Spyri : *Heidi, une histoire pour les enfants et ceux qui les aiment.* Paris, Gründ, 2011 (dans la traduction originale de Camille Vidart de 1882)

[174] Diminutif de *das Dorf*, le village…

avait recueillie. Il préservait ainsi une endogamie menacée par les mobilités de la croissance et prolongeait un ordre des choses dont chacun comprenait qu'il n'était plus immuable.

Effectivement, dès le milieu des années cinquante la société que décrivaient les *Heimatfilme* se lézarda. Les fils n'obéissaient plus aveuglément aux patriarches et parfois se rebellaient comme dans *Schloss Hubertus* (Château Hubertus, 1954) de Helmut Weiss, quand ils ne s'enfuyaient pas comme dans *An heiligen Wassern*, (Les eaux sacrées, 1960), un remake suisse de Alfred Weidenmann. Quand elles n'étaient pas des sauvageonnes comme dans le *Geierwally* de Franz Cap (1956), ou des maîtresses d'école, les jeunes filles en *dirndl* (habit traditionnel) voulaient suivre leur cœur : c'était le cas dans *Die Fischerin vom Bodensee* d'Harald Reinl (La pêcheuse du Bodensee, 1956). Elles étaient souvent soutenues par leurs mères qui s'affirmaient elles-mêmes tant à la ferme qu'à l'auberge comme dans *Die schöne Müllerin (*La Jolie meunière, 1954) de Wolfgang Liebeneiner. De nouvelles figures féminines apparaissaient en effet : dans le village où elle avait pris la succession d'un confrère âgé, une doctoresse finissait par s'imposer contre une coalition de benêts préalpins (Die *Landärztin* de Paul May, La doctoresse, 1958). Une seconde praticienne faisait savoir à son fiancé qu'elle resterait célibataire plutôt que de renoncer à exercer (*Solange die Rosen blüh'n* de Hans Deppe 1956) et obtenait bien sûr gain de cause.

Les oppositions sociales étaient caricaturales : la vieille noblesse était en perte de vitesse, – que de barons décatis dans les *Heimatfilme* ! – et voyait son prestige décliner. Les bourgmestres étaient maintenant des paysans débonnaires, - et souvent ventripotents -, soutenus par la *vox populi*. Ils s'appuyaient sur une administration au sein de laquelle le *Förster* fut bientôt relayé par l'ingénieur, ou le maître d'école. De façon significative, le premier *Gastarbeiter* (immigrant, littéralement : *travailleur invité*) n'apparut que dans le tardif *Ruf der Wälder* (L'appel des forêts, 1965), un film autrichien de Franz Antel. D'origine italienne, le héros travaillait sur le chantier d'une station de ski et avait fort à faire avec le contremaître (qui l'appelait « le macaroni » !). Dieu merci, il fut adopté par la chienne Bella (voir ci-dessus) qui fut seule à pleurer sur sa tombe, puisque l'histoire n'eut pas de *happy end*...

Ici ou là apparaissaient également des signes de modernité technique. Dans *An heiligen Wassern* (version de 1960), un marteau-piqueur était habilement manié par le héros. De retour au village après un exil involontaire de trois ans, il sauvait celui-ci de la sécheresse en réparant les bisses détruits par l'avalanche qui l'alimentaient. Il rendait ainsi inutiles les traditionnelles rogations. Un tracteur agricole surgissait en cahotant et crachotant dans *Der Weibertausch* de Karl Anton (1952, vers 1h13') et un autre semblait mieux fonctionner dans *Der Fischer von Heiligensee,* film en couleurs de *Hans H. König* (Le pêcheur de Heiligensee, 1955, vers 39').

Le train apparaissait dans plusieurs films et signait un désenclavement rapide des espaces ruraux. Un générateur électrique fit même une apparition triomphale sur un vieux véhicule de l'armée américaine dans *Waldwinter* de Wolfgang Liebeneiner (Forêt d'hiver, 1956). Au milieu des années cinquante, le téléphone, déjà présent dans les films d'avant-guerre, devint un acteur à part entière. Puis ce fut le cas de l'automobile Cette dernière, un temps l'apanage de l'élite villageoise comme on le voit dans *Die Mädels vom Immenhof (1955) de Wolfgang Schleif (*Les jeunes femmes d'Immenhof), se diffusa par l'intermédiaire de quelques citadins, parfois des anciens du village, comme dans le *Heimatlos* d'Herbert Fredersdorf (1958). Quand, conduites par de jeunes femmes blondes venues de la grande ville, elles devinrent communes, les *Heimatfilme* n'étaient plus à la mode.

Heimatbashing

A partir du milieu des années 1960, l'intérêt pour les *Heimatfilm*e déclina et les audiences s'effritèrent. Les metteurs en scène tentèrent d'adapter leurs scénarii pour répondre aux nouvelles attentes du public. On abandonna en urgence la bluette amoureuse pour des intrigues proches du film policier ou d'aventure. Les décors changèrent également : plus de maie ancestrale ni de poêle massif pour les scènes d'intérieur, mais des tables à rallonges d'usine et le chauffage central. Ce fut en vain. Le public ne suivait plus.

La notion de *Heimat* perdait de son sens. Le ciment de la famille et l'enracinement local ne suffisaient plus à maintenir les liens collectifs qui soudaient la *Gemeinschaft* villageoise. Avec la prolongation de la scolarité des jeunes, suivie souvent de leur départ vers la ville, la famille se déstructurait. La société villageoise se délitait. La culotte de peau cessait d'être de mode et les catherinettes, de peur d'être ridicules, refusaient de monter sur les estrades dans les fêtes de village. Elles n'envisageaient plus du tout de se vouer à l'ancienne et sainte trilogie des « Trois K » : « *Kinder, Küche, Kirche* » (Les enfants, la cuisine, l'église). L'essor de la télévision ringardisait les costumes folkloriques, ridiculisait les patois et les accents locaux, diffusait un modèle gastronomique autrement plus valorisant que les ripailles à base de porc et de boisson maltée. La chasse cessa d'être un marqueur identitaire collectif et devint un loisir individuel, souvent pratiqué par des citadins étrangers au pays. Le Förster rangea son fusil au râtelier. Les fêtes de chasseurs (*Schützenfest*) comme les feux de la Saint-Jean se raréfièrent. Ces manifestations et ces pratiques devinrent un syndrome de retard culturel. Les nouvelles générations dénigraient le « *Wein, Weib und Gesang* » (le vin, la femme, la chanson) auxquels se résumaient pour elles ces festivités[175]. « *Heimat* est sûrement le plus joli mot pour désigner l'arriération » écrivit Martin Walser en 1968[176]. Ce qu'il restait des traditions villageoises ne se maintint que pour meubler les séjours des touristes. Mais qui sont ces derniers ? Ceux qui le pouvaient allaient en vacances en Italie, au Portugal, en Grèce ou en France et « seuls les ploucs restaient au pays et allaient randonner dans la forêt bavaroise », écrivit rétrospectivement un journaliste du *Frankfurter Allgemeine*[177].

La remise en cause culmina à la toute fin des années 1960 et au début des années 1970. Sur un mode bénin, la critique - qui se voulait humoristique, mais était souvent acide -, prit la forme du *Heimatbashing*. Les blagues à propos des Frisons naïfs et bornés faisaient rire des tablées de Bavarois qui ne perdaient rien pour attendre. Les Berlinois, moqués pour leur *Schnauze* (leur « grande gueule »), n'échappaient pas aux clichés. On se gaussait comme d'habitude du Souabe dont M. Tournier[178] rappelle dans *Le Roi des Aulnes* qu'il a de longue date « la réputation d'être avare, rancunier, terre à terre et sale ». Au point que les organismes officiels se rebiffèrent.

---

175 Cette critique est aussi politique puisque ces termes apparaissaient dans le second couplet, rarement chanté il est vrai, de l'hymne national *Deutschland über Alles* en usage jusqu'en 1945.

176 « *Heimat, das ist sicher der schönste Name für Zurückgebliebenheit* » in Martin Walser : *Heimatkunde : ouvr. cité*, p. 40.

177 *Nur Spießer bleiben daheim und gehen im Bayerischen Wald wandern.* Frankfurter Allgemeine (27.03.2016) ; on a traduit assez librement *Spießer* par *ploucs*...

178 Michel Tournier : *Le Roi des Aulnes*...ouvr. cité, p. 584. L'auteur ajoute : « des Auvergnats blonds, en somme... »

L'historien du cinéma Willi Höfig[179], a ainsi retrouvé une résolution adoptée en 1973 par la Fédération des offices du tourisme (*der Fremdenverkehrsverband*) de la région Bade-Wurtemberg dans laquelle les différents opérateurs protestaient contre la « calomnie » (die *Verunglimpfung*) que constituaient les clichés véhiculés par de trop de nombreux films à propos de la Forêt-Noire et de ses habitants[180].

Une fraction de plus en plus large de la jeunesse ne se reconnaissait plus dans l'univers étriqué, voire rétrograde, et parfois totalitaire, du village et de la *Heimat.* On dénonçait l'idéologie qui voulait que l'individu (*der Einzelne*) soit sacrifié au tout (*das Ganze*) en application de la règle « l'intérêt commun précède l'intérêt particulier ». Celle-ci était entendue comme l'écho du slogan nazi « Tu n'es rien, ton peuple est tout ». A l'heure de la globalisation montante, pourquoi s'enfermer dans quelque patrie que ce soit ? C'est la ville qui portait le progrès en libérant l'individu de pesantes traditions. On fit donc sien le vieil adage « Ce que l'Allemagne est, elle l'est grâce à ses villes » (*Was Deutschland ist, ist es durch seine Städten* »). Au diable la *petite patrie,* insupportable corset de tous les désirs et frein à toutes les ambitions ! « *Scheiss Heimat* » (*Heimat* de m… !) dit Hermann Simon en s'enfuyant de Schabbach (dans *Heimat* 2 d'E. Reitz).

---

179 Willi Höfig : *Die deutschen Heimatfilme, 1947-1960.*Stuttgart, Enke Verlag, 1973, 459 p. (Les films de *Heimat* allemands, 1947-1960). Non traduit.

180 On se rappellera cependant que les vers moqueurs du *Voyage d'hiver* d'H. Heine datent de 1827 : « *Gottlob ! Der Hermann gewann die Schlacht, […] / Wir blieben deutsch, wir sprechen deutsch, / Wie wir es gesprochen haben, / Der Esel heißt Esel, nicht Asinus, / Die Schwaben blieben Schwaben* » (Dieu soit loué! Arminius a gagné la bataille, / […] Nous sommes restés allemands, nous parlons l'allemand, / Comme nous l'avons toujours parlé, / L'âne s'appelle âne, non asinus, / Et les Souabes sont restés souabes.)

La critique de la *Heimat* fut plus violente encore avec les films *Mathias Kneißl* de Reinhard Hauff en 1970 et surtout *Jagdszenen aus Niederbayern* (*Scènes de chasse en Basse-Bavière*) de Peter Fleischmann en 1969. Le premier, s'appuyant sur l'histoire réelle d'une sorte de Robin des bois bavarois, narrait la trahison du héros par tout un village au début du XXe siècle. Le second faisait le récit du rejet par la *Volksgemeinschaft* d'un homosexuel, victime *in fine* d'une violente et sidérante chasse à l'homme.

Cette contestation se prolongea, signe qu'elle rencontrait un certain assentiment du public, par la diffusion de deux mini-séries télévisées au ton cependant plus modéré. En 1977, *Alpensaga* raconta en six épisodes l'histoire d'un village autrichien entre 1900 et 1945, sans rien cacher des engagements de certains de ses habitants et du consentement silencieux des autres durant la période clé de *l'Anschluss*. L'année suivante *Sachrang* fit le récit des conflits au sein d'un village bavarois, entre la population et les autorités locales, au temps de l'occupation napoléonienne. Toutes ces œuvres – même si certaines sont encore marquées par la tradition des *Heimatfilme*- renvoyaient la même image de la *Heimat* traditionnelle : passéisme, ennui, absence de liberté individuelle. Elles faisaient indirectement le récit d'un conflit entre le rural et l'urbain, entre le local et le global. Elles signaient en définitive le retournement du concept de *Heimat* : celle-ci n'apportait plus soutien et sécurité, mais confinement et oppression.

La Heimat froide

De leur côté, les réfugiés et expulsés des régions orientales du Reich apprirent, tout au long des années de croissance et de prospérité, à confronter leur passé aux réalités politiques et sociales de leurs régions d'adoption.

Souvent répartis de façon autoritaire dans le pays, ils avaient eu le plus grand mal à s'acclimater. Leur rapport avec la *Heimat* (c'est-à-dire ici la région qu'ils avaient dû abandonner), avait été d'abord marqué de la rancœur de l'exode et du déracinement puis s'était quelque peu adouci et progressivement teinté de nostalgie. Passé un temps d'expectative et d'inquiétude, la réunification provoqua un changement de leurs représentations. Avec la chute du mur et l'intégration des pays de l'ancien bloc socialiste dans l'Union européenne, le *pays natal* était devenu accessible : on ne pouvait plus en magnifier le souvenir dans le déni de l'histoire et le mépris des réalités.

La reconnaissance de la ligne Oder-Neisse comme frontière intangible avec la Pologne par le Traité du 14 novembre 1990 rendit vain tout espoir de réinstallation, pour ceux du moins qui y avaient cru. Elle souligna même le caractère unilatéral, et parfois grotesque, de certaines postures *irrédentes*[181]. Les organisations de réfugiés, sous l'influence de démagogues qui faisaient de l'aigreur revanchiste leur fonds de commerce politique, tardaient à en prendre conscience, mais finirent par en convenir : leur « *Volkstumkampf* » (combat pour les traditions populaires de la *Heimat*) avait beaucoup perdu de sa pertinence[182].

La multiplication des échanges touristiques et scolaires, des appariements entre cités et l'élaboration de projets économiques communs qui suivirent cette reconnaissance témoignaient d'un volontarisme (ou d'un réalisme) nouveau.

---

[181] Un exemple : ce n'est qu'en 1998 que le groupe *Preussische Holland* de la *Landmannschaft Ostpreussen* signa un parrainage avec la ville de Paslek (c'est le nom polonais de Preussische Holland) et cessa de se considérer comme une autorité locale en exil de la ville.

[182] Tobias WEGER : *« Volkstumkampf » ohne Ende ? Sudetendeutsche Organisationen, 1945-1971.* Frankfurt, Peter Lang, 2008. (Un combat sans fin pour les traditions populaires (de la *Heimat*) ? Les organisations des Allemands des Sudètes, 1945-1971). Non traduit.

Certaines initiatives n'échappaient d'ailleurs pas à ce que le journaliste Klaus Bachmann appelait le « kitsch de la réconciliation ». « Brusquement, écrivait-il, chacun veut se réconcilier avec quelqu'un », oubliant le mot susurré par le président Richard von Weizsäcker à ses proches lors de l'une de ses visites en Pologne : « Seuls les Polonais peuvent se réconcilier avec les Allemands, pas l'inverse » [183].

Ces manifestations, parfois débordantes de sentimentalisme, ne suffisaient pas à désamorcer les critiques contre la vision passéiste des *Vertriebenen.* L'évolution des publications des associations de réfugiés et d'expulsés, aussi lente soit-elle, attestait pourtant d'un effort sans précédent d'intercompréhension. Lionel Picard, germaniste de l'université de Bourgogne qui a étudié les publications d'une *Landsmannschaft* de Silésiens, celle du comté de Glatz[184], note que la création d'un *blog* rattaché au Cercle d'amitié allemand (ou DFK : *Deutscher Freundschaftkreis*) du comté à la fin des années 90 avait considérablement modifié le discours véhiculé par leurs responsables. La revue imprimée, régulièrement publiée depuis cinquante ans, transmettait jusque-là, écrit-il, « une information partiale et peu favorable à la réconciliation » et donnait des expulsés « une image passéiste et revanchiste ». A l'inverse, les billets du blog attirèrent l'attention des lecteurs sur des aspects contemporains de la vie locale et les enjeux pratiques d'un rapprochement germano-polonais. L'action que menait ce DFK paraissait désormais proche de celle d'organismes culturels comme le Goethe Institut ou d'ONG humanitaires. D'autres *Vertriebenen*, en visite

---

[183] Klaus Bachmann : *Die Versöhnung muss von Polen ausgehen.* Tageszeitung, 5 août 1994. (La réconciliation doit venir de Pologne). Non traduit.

[184] Lionel Picard : *Les engagements politiques de la presse des expulsés de Silésie : l'exemple du Grafschafter Bote.* Thèse de doctorat en études germaniques soutenue en 2012 à l'université de Bourgogne (Dijon)

dans leur *Heimat,* se heurtèrent à des réalités sociales, linguistiques, économiques et politiques qui les rebutèrent parfois. Passé sous d'autres drapeaux, leur pays natal devint pour certains un pays étranger.

Pour relancer leur action, les *Landsmannschaften* mirent en avant un nouvel enjeu : les 200 à 300 000 « Allemands de souche » (*Volksdeutsche*) qui, selon des statistiques incertaines, résideraient encore aujourd'hui en Pologne. En se démenant pour eux, en organisant des envois de colis alimentaires, des missions culturelles et des cours de langue, les associations tentent aujourd'hui de perdurer. Mais les personnes concernées, en majorité de personnes âgées ayant perdu tout lien avec leurs origines germaniques, ne sont plus guère tentées de nouer des contacts avec un monde dont elles ignorent tout. Aussi l'activisme des *Landmanschaften* paraît-il tourner de plus en plus à vide.

La plupart des *Vertriebenen* reconnaissent désormais aux nouveaux habitants un « droit à la *Heimat* » (*Heimatrecht*) qu'ils ne revendiquaient jusque-là que pour eux-mêmes sous la forme d'un droit au retour. L'amertume des expulsés, dit Andreas Kossert se dirige désormais moins contre les peuples voisins que contre la société allemande elle-même, cette *« Heimat* froide », qui les a si mal accueillis[185]. Avec le temps, l'abandon volontaire de leur culture d'origine (*die kulturelle Selbstausgabe*) est moins souvent vécu comme une

---

185 De ce point de vue la diffusion de *Chronique d'une époque*, la première partie de la série *Heimat* d'E. Reitz aura ranimé de cuisants souvenirs. Dans le 9e épisode (*Hermännchen*) Klärchen, la maîtresse enceinte du jeune Hermann, est rejetée par la famille de celui-ci. Réfugiée de Silésie et sa famille, elle n'a pas d'autre *Heimat* que Schabbach. Une partie des téléspectateurs allemands y a vu un raccourci historique significatif. Gudrun Landgrebe, l'actrice qui joue ce rôle secondaire y a gagné un statut de « petite fiancée de l'Allemagne ».

reddition. Le nombre des adhérents des *Landmannschaften* ne cesse de diminuer et leur moyenne d'âge d'augmenter. Une page se tourne donc malgré tout. Une autre vision de l'histoire émerge lentement. Pour la plupart, les réfugiés et expulsés assument désormais une double appartenance : celle de leur *Heimat* et celle de leur région d'accueil, soit le lieu de leur naissance et celui où ils seront enterrés. La *Landsmannschaft* est pour eux un cercle amical où l'on cultive entre anciens le souvenir – et souvent enjolivé - de la *Heimat.* Un lieu d'intégration et un outil de résilience où l'on baratte douleurs et rancœurs pour les transformer en histoire.

Mais celle-ci est narquoise : les enfants et petits-enfants des expulsés sont parfois moins enclins que leurs parents et grands-parents à accepter le nouveau cours des choses. Sans doute est-ce là l'effet de ce que les psychologues appellent « la transmission générationnelle du traumatisme » [186]. Certains d'entre eux, qui n'ont pas vécu le *Vertreibung,* mais pensent tout en savoir, payent-ils le prix des souffrances de leurs grands-parents ? Faute de trouver des réponses à leurs questions, ils quittent les *Landsmannschaften* historiques pour rejoindre des organisations radicales telles que le *Bund Junges Ostpreußen* (Union Jeune Prusse orientale). Démangés par un prurit extrémiste, ces groupuscules tentent d'imposer un nouveau lexique en parlant de *déportation*, *d'épuration ethnique*, voire *d'holocauste* à propos du *Vertreibung.* Mais la société allemande paraît de moins en moins réceptive à leurs discours. Comme l'écrivent W. Flach et C. Kouschil, le « *revanchisme* des Croisés en habits

---

[186] Ce processus est bien décrit par Günther Grass à propos du torpillage du *Gustloff* dans : *En crabe*. Paris, Seuil, 2002, 240 p. (Edition originale: *Im Krebsgang*. Göttingen, Steidl, 2002)

folkloriques »[187] n'a guère d'avenir dans une Europe désormais ouverte et en paix. Il ne leur reste qu'à trouver de nouveaux boucs émissaires…

La *Trilogie Heimat* d'Edgar Reitz

La diffusion de l'œuvre d'Edgar Reitz a joué un rôle singulier dans l'histoire récente de la *Heimat.* Le premier volet de *Heimat Trilogie* (*La Trilogie Heimat)* ranima à partir de 1984 un débat, certes jamais éteint, mais tout de même convenu, sur la *Heimat.* Les épisodes suivants l'ont entretenu tout au long des trois décennies suivantes[188]. On connaît, par les différents entretiens qu'il a accordés aux journaux allemands et étrangers, la genèse et les objectifs du cinéaste. A l'origine, il y a eu le choc et l'agacement qu'il dit avoir éprouvé lors de la diffusion en 1978 de la série *Holocaust*[189] *:* choc de redécouvrir tout un pan de l'histoire allemande à travers une saga familiale et agacement devant ce qu'il considéra comme une débauche de moyens et de procédés inutiles, une recherche artificielle de ressorts dramatiques.

Cette vision hollywoodienne de l'histoire lui paraissait aller à l'encontre de la volonté de se réapproprier leur histoire que manifestaient les Allemands, enfin sortis du déni et du silence de leurs pères et désireux de ne plus

---

[187] W. Flach et C. Kouschil : *Kreuztritter in Trachten. Organisierter Revanchismus und seine Macher. Berlin, Ursania Verlag, 1984, 17 p.* (Croisés en habits folkloriques. Le revanchisme organisé et ses acteurs). Non traduit.

[188] La sortie du film en deux parties (*Chronique d'un rêve* et *L'exode*) en 2013 prolongea le débat, quoique sa réception, à cause du mode de diffusion, soit moins populaire.

[189] *Holocaust* est une série américaine de quatre épisodes (d'une durée totale de 7 heures) réalisée par Marvin Chomsky et diffusée pour la première fois sur la chaîne NBC en avril 1978, puis en Allemagne et en France l'année suivante.

endosser sans discussion la responsabilité de la guerre (*Kriegschuld*). C'est de ce constat que naquit chez le metteur en scène allemand l'envie de réaliser une série sur un mode comparable, mais avec une démarche plus proche de l'enquête anthropologique et historique que du « docudrama » américain. L'ambition était de montrer comment une partie du peuple allemand fut bel et bien séduite par la violence du nazisme, en croisant les trajectoires de vie et en mêlant les « petites histoires » à la grande. La longue enquête préparatoire qu'E. Reitz mena dans la région du Hunsrück (une partie du massif schisteux rhénan) déboucha cependant sur un scenario peu maniable, qui débordait de la période de la guerre et l'amena finalement à travailler trente années durant sur le thème de la *Heimat*.

La diffusion des premiers épisodes de *Heimat* 1 *(Une Chronique allemande)* lors de la Mostra de Venise en 1984 fut un évènement. Quelques semaines plus tard, sa diffusion sur les chaînes de télévision allemandes provoqua un véritable effet de sidération sur le public allemand[190]. Elle précipita le retour à leur domicile de millions d'Allemands qui s'installèrent deux fois par semaine dès 19h30 devant le petit écran pour ne rien rater des aventures de la famille Simon, entre le retour de Paul à Schabbach en 1919 et le départ de Hermännchen pour Munich un demi-siècle plus tard. L'Allemagne tout entière, pourtant bien loin matériellement et culturellement des périodes évoquées, se reconnut avec émotion dans le portrait d'une famille souffrante, arcboutée sur le travail, soucieuse d'effacer le traumatisme de deux guerres perdues auxquelles avait succédé l'absence ou le silence des pères, dans un contexte d'effacement des valeurs

---

[190] Une enquête d'audience a montré que 25 millions d'Allemands ont vu au moins un épisode de *Heimat* 1. Près de 9 millions d'entre eux affirment les avoir tous vus.

familiales et religieuses traditionnelles et d'entrée dans la société de consommation[191].

Heimat 2 (Chronique d'une jeunesse), qui se déroule pour l'essentiel à Munich, passionna moins les téléspectateurs, bien que ceux qui ont eu vingt ans en 68 en aient suivi le déroulement avec intérêt. La dernière série (*Chronique d'une époque*), fut regardée pour ce qu'elle est : une série documentaire. On y voit la Bande à Baader, la chute du mur et la victoire de la *Mannschaft* à la coupe du monde de 1990. L'intérêt initial avait quelque peu fléchi. C'était peu ou prou ce que chacun avait pu voir aux informations télévisées : un passé trop récent pour être vraiment de l'histoire et trop connu pour être du cinéma. A l'issue de *Heimat* 3, Edgar Reitz décida d'ailleurs de prendre congé de Schabbach, le village du Hunsrück où commence et se termine la série. L'épisode s'appelle *Abschied von Schabbach* (Adieu à Schabbach). On sait qu'il ne tint pas parole.

Dans les années qui suivirent, Schabbach et le Hunsrück devinrent des modèles sinon des archétypes pour la *Heimatkunde*. Le village (fictif, rappelons-le) devint même un point *nodal* : comme le dit un des personnages de la série, le village se situe « exactement à mi-distance de Paris et de Berlin » et ajoutait-il plaisamment, « si vous tracez un trait du pôle nord au pôle sud, il passera exactement à Schabbach » !

Si elle a relancé le débat sur la *Heimat*, l'œuvre d'E. Reitz reste cependant marquée d'une certaine ambigüité. On pouvait la considérer d'une certaine

---

[191] En France, la série, après une projection fleuve au théâtre des Amandiers, fut diffusée en salle en 1985. TF1 en assura une rediffusion sous la forme de 15 épisodes de 55 minutes. En 1992, la chaîne franco-allemande Arte la reprogramma, dans le découpage originel, en version sous-titrée. C'est à cette version qu'il est fait allusion ici.

manière comme une réflexion autobiographique : l'auteur était un enfant du pays, né dans le Hunsrück un an avant l'arrivée au pouvoir d'A. Hitler. Tout ce qui faisait le « *Daheim-Geborgsein* » (l'intimité cachée) de la *Heimat* se retrouvait dans *Chronique d'une époque*. Ses scènes étaient, par bien des aspects, très proches des *Heimatfilme* : une idylle amoureuse dans des paysages ruraux pittoresques, l'usage du dialecte, des rapports sociaux confinés au périmètre réduit de la *Gemeinschaft* villageoise, la sortie de l'histoire, laquelle n'est plus rythmée que par le balancement des saisons. L'auteur faisait d'ailleurs explicitement référence aux *Heimatfilme* : Maria Simon et sa belle-sœur Pauline n'assistent-elles pas au cinéma, dans une mise en abîme amusante, à la projection du *Heimat* de Carl Froehlich (1938) dans lequel Zarah Leander joue le rôle phare ?

En opposant *Une chronique allemande* à des productions presque contemporaines comme *Allemagne, mère blafarde* (*Deutschland, bleiche Mutter*) de Helma Sanders-Brahms (1981) ou *La soudaine richesse des pauvres gens de Krombach* de Margarethe von Trotta et Völker Schlöndorff (1974), certains critiques ont eu beau jeu d'en montrer le côté antimoderne et anti-urbain. On a même cru pouvoir y déceler des thèmes typiquement *Blut et Boden* comme l'identité et l'enracinement, la célébration de l'ordre éternel des champs, voire la dénonciation de la *Bodenlosigkeit* (l'absence de sol) que les *Völkischen* voyaient comme une trahison de la *Heimat* : le *bodenlos* Paul Simon ne trahissait-il pas les siens en partant en Amérique alors que s'annonçaient la révolution nazie et la modernité dévastatrice qu'apportaient la radio, l'électricité, les autoroutes et la motorisation de la Wehrmacht ?

L'auteur se défendit pourtant d'avoir tenté de réhabiliter la *Heimat*. Pour lui, une telle *Heimat*, qui serait le nom de la proximité, de la chaleur, de la sécurité et de l'enfance n'a jamais existé. En atteste selon lui la figure emblématique de Maria (la mère, personnage central de la série, jouée par Marita Breuer), à la fois protectrice et autoritaire, autonome, mais fataliste, chaleureuse et incapable de le montrer. Toute tissée de contradictions, à l'image de la *Heimat* ! L'ambition d'E. Reitz était plutôt d'assembler des fils pour coudre une histoire au jour le jour (une *Alltagsgeschichte)*, une histoire « vue d'en bas ». De fait, un certain *kitsch* folklorique avait disparu pour laisser place à la critique de l'autoritarisme (*die Obrigkeit*) et de la bigoterie, de la violence domestique ou collective et des non-dits liés à la guerre. Certaines conduites contestataires, voire transgressives, étaient approuvées, mais le regard du cinéaste, malgré l'empathie qu'il manifestait, était souvent extérieur à son objet. Cette mise à distance était encore plus manifeste dans les derniers épisodes (*Heimat 2* et *Heimat 3*) où, on l'a dit, E. Reitz produisait une œuvre proche du documentaire : un film ***sur*** la *Heimat* plus qu'un film ***de*** *Heimat*.

L'objectif que s'était fixé E. Reitz avec *Chronique d'une époque* (*Heimat* 1) a-t-il été atteint ? Les Allemands ont pu, grâce à la série, regarder leur propre histoire et l'assumer sans entrer dans les querelles de *l'Historikerstreit* (la querelle des historiens) qui se sont produites à la fin des années 1980. Ils n'y ont cependant pas complètement échappé. On a pu par exemple reprocher à E. Reitz une certaine discrétion sur la *Shoah*. Celle-ci n'apparaissait en effet que dans une courte séquence de *Heimat* 1. Sans doute, venant après *Holocaust*, son propos eut-il été redondant. Mais *Chronique d'une époque*, qui portait sur une période de 63 ans (de 1919 à 1982) rappelle Anton Kaes[192], consacre

[192] Anton Kaes : *From Hitler to Heimat. The return of History as Film*. Cambridge-Massachusetts, Harvard University Press, 1989, 273

tout de même la moitié de sa durée aux douze années du nazisme et n'est donc pas un anti-*Holocaust*. D'autres critiques, venues pour l'essentiel des Etats-Unis, dénoncèrent un « recyclage de vieilleries *blubo* », un refus d'assumer l'histoire (*Vergangenheitbewältigung*), voire un révisionnisme rampant qui aurait tendu à présenter les citoyens allemands comme des gens « normaux », eux-mêmes victimes d'un régime barbare. Pour raconter *Heimat*, a-t-on pu dire, il fallait « sortir Auschwitz de l'histoire »[193] et c'est de cela qu'E. Reitz se serait rendu coupable.

Malgré ces critiques souvent de mauvaise foi *Heimat Trilogie* a rencontré un certain succès, y compris à l'étranger. Il a contribué, avec la série *Holocaust* de Marvin Chomsky *(1978)* et des films comme *Der Prozess* (Le Procès) d'Eberhard Fechner (1984) ou *Shoah* de Claude Lanzmann (1985)[194] à modifier les représentations que l'on porte habituellement sur les Allemands - et qu'eux-mêmes portent - sur leur responsabilité quant au déroulement de l'histoire. C'était une forme d'apaisement : avec *Chronique d'une époque*, après des années de remise en cause et de culpabilisation, « un pays se trouve âme et refuge » écrit Henri de Bresson[195] dans *Le Monde* en présentant le film au public français.

---

p. (De Hitler à *Heimat*. Le retour de l'Histoire comme film). Non traduit. Chapitre 6 (pp. 161-192)

[193] Anton Kaes : *From Hitler to Heimat*… ouvr. cité (p. 191)

[194] Alors que le premier est un film d'acteurs (parmi lesquels Meryl Streep qui joue le rôle d'Inga Helms-Weiss), les deux autres sont essentiellement composés d'entretiens avec des témoins de la Shoah. Celui d'E. Fechner, moins connu, rapporte le déroulement du procès de Düsseldorf au cours duquel furent jugés certains responsables du camp de Lublin-Maidanek.

[195] Henri Bresson : *Un pays se trouve âme et refuge*. Le Monde, 22 novembre 1984.

Pour expliquer ce succès on pourrait dire, sans que cela soit péjoratif, que l'œuvre d'E. Reitz était « dans l'air du temps ». Une sensibilité plus grande aux questions environnementales (les « pluies acides » occupaient alors une place importante dans l'actualité) et la remise en cause du productivisme et de l'industrialisation renforçaient l'aspiration à un mode de vie plus équilibré dans une nature préservée. L'effondrement du monisme marxiste et des illusions révolutionnaires, les progrès de la construction européenne et l'abaissement des frontières internes de l'Europe modifiaient le regard porté sur la place et le rôle de l'Etat central et, de fait, réhabilitaient la *Heimat*, sinon comme modèle de gouvernance territoriale, du moins comme référence identitaire.

Dans la foulée de la diffusion de *Heimat Trilogie* on a noté le surprenant succès de séries télévisées telles que *Bergdoktor* (Médecin de montagne), une série germano-autrichienne diffusée depuis 2008 et qui compte aujourd'hui plus d'une centaine d'épisodes, ou encore de la série Die *Schwarzwaldklinik* (La clinique de la Forêt-Noire) aux 75 épisodes. Certains films de *Heimat* en sont désormais à leur troisième ou quatrième *remake,* sans que leur succès se démente : ainsi de *Krambambuli* (1997) de Xaver Schwarzenberger, de *Schwabenkinder* (2002) de Jo Baier, du *Geierwally* (2005) de Peter Sämann ou de la version de *Heidi* (2015) d'Alain Gspann… Vieux ingrédients dans de nouveaux récipients ? A n'en pas douter. Mais ce qui est en question ici est moins leur valeur artistique que les raisons de leur succès.

Très différents de ces produits commerciaux, *Chronique d'un rêve* et *L'exode,* les deux films qui mirent en 2013 un point final à la série *Heimat,* rappelèrent utilement que l'Allemagne, avant de devenir un pays d'immigration, avait vu ses habitants fuir en masse la misère et les pesanteurs de la tradition, à la recherche d'un avenir meilleur. Ce n'était pas nécessairement inutile au moment où de nouveaux flux migratoires, d'origines proches ou lointaines, convergeaient vers le pays en provoquant de troubles remous.

5.
Les utopies de la *Heimat*

Telle qu'elle est retracée dans *Heimat Trilogie*, l'histoire de la famille Simon, comme celle de beaucoup de familles allemandes, trouvait son unité, sinon sa cohérence, en un lieu, Schabbach, village fictif du Hunsrück, lui-même composante du massif schisteux rhénan. Loin d'être le recueil de supposées vertus terriennes et de traditions folkloriques, comme dans la conception *blubo,* ou d'un génie national comme dans l'approche nazie, la *Heimat* décrite par E. Reitz se présente comme un cadre de vie, le lieu d'un équilibre entre une d'une communauté de taille réduite, où chacun connaît la filiation de tous, et un environnement préservé, mais doté des équipements et des infrastructures utiles. Parce qu'il possède une épaisseur historique, c'est le lieu où l'on renoue avec des racines que l'on reconnaît comme siennes, où l'on peut enfin étancher cette inextinguible soif de se sentir enfin *chez soi.*

La *Heimat* originelle (*Urheimat*)

Avant même la chute du mur de Berlin, un grand nombre de *Volksdeutsche* (Allemands *de souche* ou *ethniques* comme on l'écrit parfois encore) revendiquaient un droit de retour en Allemagne. Ils présentent le pays qu'ils présentaient comme une *Urheimat,* le pays que leurs ancêtres avaient quitté, parfois depuis plusieurs générations, et avec lequel ils prétendaient entretenir encore des liens d'affinité[196]. Quelques milliers d'*Aussiedler* (migrants) furent autorisés à ce titre à quitter les pays de l'Est après les traités de Varsovie (1970) et d'Helsinki (1975). Avec la chute du Mur de Berlin, le nombre de ceux qui aspiraient à rejoindre la mère patrie putative se révéla plus important que prévu. Dès 1990, 400 000 personnes demandèrent à s'installer en Allemagne et en une décennie près de deux millions de personnes affluèrent, arguant de la même volonté de revenir au pays de leurs ancêtres.

Ceux qui se réclamaient d'un rapprochement familial, purent assez aisément accéder à la nationalité allemande et s'installer dans une *Heimat* adoptive où ils disposaient de quelques relais. D'autres, descendants de colons installés depuis des générations en Transylvanie, dans les Sudètes, en Silésie, sur les bords de la Baltique ou les rives de la Volga, s'ils se revendiquaient également d'une *Urheimat,* en connaissaient souvent peu de choses, et parfois pas même les premiers rudiments de la langue. Elle n'était souvent rien d'autre qu'une utopie, l'espoir d'un monde meilleur. Leur installation ardemment désirée dans le pays, fut entachée par le soupçon d'une motivation plus matérielle que culturelle ou sentimentale. Est-ce pour aller à l'encontre de ce soupçon que certains de ces tard-venus (*Spätaussiedler)* se sont montrés « plus allemands que les Allemands » ? Leur zèle nationaliste, qui frisa parfois la xénophobie, a en tous cas paru parfois bien bruyant...

Cependant, leur installation et leur insertion furent difficiles. Dès le milieu des années 1990, la presse allemande signala les problèmes liés à leur arrivée et publia de nombreux reportages à sensation sur les

---

[196] Le terme *Urheimat* est souvent traduit par *Heimat originelle* ou *primordiale*. Les penseurs *völkisch* et des géographes comme K. Ritter et F. Ratzel utilisent également le terme pour désigner le *berceau historique* des Indo-européens (*die Urheimat der Indogermanen*).

« ghettos » naissants où sévissaient les fléaux de la délinquance et de la drogue, sur fond de guerre entre bandes rivales. Marzahn, un grand quartier de l'est berlinois, par exemple, fut ainsi présenté comme l'un de ces « points chauds » (*Brennpunkte*). Une quinzaine de milliers de migrants (considérés comme d'origine allemande) provenant des pays de l'ex Union soviétique et de l'Est de l'Europe, y avaient été installés. Ceux qui y avaient emménagé dans les dernières années du siècle étaient en général plus jeunes que leurs prédécesseurs (un sur deux avait moins de 25 ans) et moins bien formés, car plus souvent originaires de petites villes ou de régions rurales.

Viktor Streck, l'un de ces *Auslanddeutsche* d'origine allemande, mais né et ayant vécu en Russie, a raconté ses tribulations dans un roman plutôt bien accueilli par la critique[197]. Nouvellement installé dans une région d'Allemagne dont on ne sait pas bien s'il la considérait comme sa *Urheimat* ou une *Heimat* élective, il y faisait le récit de son acclimatation. Il y était question d'une opposition entre le bien et le mal, la gauche et la droite, l'innocence et de la responsabilité, la citoyenneté et l'engagement *(Zivil courage*) ainsi que des impératifs kantiens. Le conflit des générations, les relations de genre ou la question de l'environnement constituaient la trame du roman. Le personnage central découvrait la *Heimat* avec des yeux neufs. Ce fut, avec quelques platitudes et une naïveté assumée, l'occasion de porter un regard un peu décalé sur la société allemande des années récentes : un Persan dans la *Heimat*, en quelque sorte.

Les difficultés d'intégration (très relatives si on les compare à celles des réfugiés qui rejoindraient l'Allemagne deux décennies plus tard) poussèrent les

---

[197] Viktor Streck : *Heimat ist ein Paradies*, (La *Heimat* est un paradis). Berlin, Selbstverlag, 2010, 568 p. Non traduit.

autorités à contingenter de façon drastique l'accès à la *Urheimat*[198]. Sans toucher à l'article 116 de la Loi fondamentale qui accorde aux *Volksdeutsche* un « droit à la *Heimat* » (*Heimatrecht*), le gouvernement Kohl imposa un examen qui devait attester d'une certaine maîtrise de la langue allemande (*Zertificat Deutsch* ou *Deutschtest für Zuwanderer*) et fixa le flux des admis à 200 000 personnes par an, seuil que le gouvernement Schröder divisa par deux quelques années plus tard. A cette époque, reprenant le titre d'un film du Suisse Markus Imhoof (1981), certains élus déclarèrent : « le bateau est plein » (Das Boot ist voll) [199].

Alors que les *Vertriebenen* avaient longtemps cultivé la nostalgie d'un paradis perdu et la cruauté d'un exil forcé, les *Aussiedler* avaient quant à eux une perception radicalement différente du pays qu'ils viennent de quitter : ils ne voulaient plus en entendre parler. L'observation d'une manifestation organisée au printemps 2014 par l'association des *Rußlanddeutschen* (Allemands de Russie) à Düsseldorf confirme ce contraste. Une poignée de vieux messieurs, rameutés par une *Schutzgemeinschaft* (un comité de défense) s'étaient réunis en plein air pour écouter des discours dénonçant la « falsification de l'histoire des Allemands de Russie » (estimés à 1,2 million en 1937). Mais il ne fut pas question une seule seconde des centaines de milliers de *Spätaussiedler* arrivés de Russie après 1990. Du reste, aucun représentant de ces *late comers* n'était présent, sinon de l'autre côté des barrières de sécurité. Sans doute étaient-ils encore

---

198 Les droits des immigrants furent restreints. De façon significative, les nouveaux arrivants furent désignés par le terme de *Spätaussiedler* (que l'on pourrait traduire par *tard venus*).

199 La métaphore paraît peu heureuse quand, dans le même temps, des milliers de migrants se noient en Méditerranée et encore moins si l'on sait que le film raconte les difficultés des réfugiés à trouver un abri en Suisse lors de la seconde Guerre mondiale…

considérés comme trop Russes (ou pas assez Allemands) pour être des « Allemands de Russie ».

La situation des *Ossies* (ressortissants de l'ex-RDA), que l'on pourrait être tenté de rapprocher de celle des *Aussiedler*, est plus ambivalente. Passant des länder de l'Est à ceux de l'Ouest dans les années 1990, certains d'entre eux eurent le sentiment paradoxal de « rentrer en Allemagne ». Ils éprouvent aujourd'hui la douleur sourde d'être devenus *étrangers chez eux* et livrés à eux-mêmes. De fait, installés au bord du Rhin ou en Bavière, certains d'entre eux sont perçus comme *horsain* (*Ortsfremde*), voire comme des citoyens de seconde catégorie. Il est vrai qu'ils se distinguent des populations locales par leur accent, leur vocabulaire parfois singulier, l'usage de sigles obscurs et des références littéraires inusitées ou désuètes[200]. On conviendra que la gastronomie des Thuringiens, avec leurs *Klöße* et leurs oies farcies, a pu paraître parfois bien exotique aux Rhénans[201]. Mais leur *ostalgie* n'a probablement pas grand-chose à voir avec la *Heimweh* : elle est plutôt le regret d'une jeunesse enfuie, d'une société idéalisée et d'un certain désarroi auxquels le repli sur soi de la RDA ne les avait pas préparés.

Peut-être est-ce d'ailleurs à la lumière de cet héritage qu'il faut comprendre la montée des pulsions xénophobes à l'est du pays, alors même que les étrangers y sont peu nombreux. Elle révèle l'absence d'une réflexion historique collective (*Geschichtsbewältigung*) comparable à celle qui

---

[200] Matthias Matussek narre de façon savoureuse la persistance de ces décalages dans les dernières pages de son ouvrage : *Wir Deutschen.* Frankfurt, Fischer Verlag, 2006. Trad. française : *Nous les Allemands. Fondation Saint-Simon, 2007 (pp. 351-352)*

[201] Les *Klöße* sont des boulettes de pomme de terre. On en trouvera la recette de dans le roman à succès d'Eugen Ruge qui raconte l'histoire d'une famille est-allemande : *In Zeiten des abnehmenden Lichts.* Berlin, Rowohlt Verlag, 2011. Trad. française : Quand la lumière décline. Paris, Les Escales, coll. 10/18, 2012.

a été menée, vaille que vaille, à l'Ouest. L'héritage de la politique nationaliste qui servit à masquer le caractère totalitaire du régime dans les dernières années de la RDA (« l'autre nation allemande »), explique mieux les pulsions xénophobes qui affectent ces régions que les difficultés objectives de l'économie locale actuelle.

Expulsés (*Vertriebenen*) et migrants anciens ou récents (*Aussiedler, Spätsiedler)* sont psychologiquement proches : ils ont connu ou connaissent une même perte de repères. De nombreux reportages et des films comme le *Good Bye Lenin !* de Wolfgang Becker (2003) montrent, non sans complaisance parfois, les limites du processus de « re-*Heimatisation* » (*Beheimatung*) chez ces transfuges qui sont non seulement de « nouveaux citoyens allemands », mais également « citoyens d'une nouvelle Allemagne ».

La forteresse *Heimat (Festung Heimat)*

L'accroissement des échanges migratoires et de la mobilité, la construction européenne et la mondialisation ont accéléré depuis plusieurs décennies le processus d'hétéronomie au sein de la *Heimat*. La compréhension de soi n'y passe plus uniquement par la compréhension de l'autre, mais aussi par la vision que l'autre a de nous, ce que les philosophes appellent depuis F. Hegel une « reconnaissance mutuelle ». On se sent désormais Allemand non plus seulement parce qu'on est différent des Français croisés à Paris ou des Espagnols rencontrés sur la Costa Brava, mais aussi en cohabitant avec le Turc de son palier, le voisin polonais ou le réfugié syrien du quartier. Ces nouvelles mobilités ne permettent plus de réduire les individus à une identité unique. La ministre de l'Intégration du Bade-Wurtemberg Bilkay Öney, elle-même fille d'immigrant, l'a rappelé en 2014 à l'occasion du Congrès fédéral interculturel de Mannheim : un enfant allemand sur trois a désormais un passé familial lié à l'immigration (*Migrationshintergrund*). Il faut donc bien envisager, à défaut de l'accepter, que de plus en plus de personnes aient des ancrages multiples[202].

Ce constat trivial a provoqué des réactions variées chez les Allemands : approbatives, placides ou fatalistes pour les uns, dramatiques pour les autres. Ces derniers se sentent, comme l'écrit Bernhard Schlink[203], « en exil chez eux », alors même qu'ils « vivent où ils ont toujours vécu, habitent où ils ont toujours habité et peut-être travaillent… où ils travaillaient ». Ce changement devient carrément mortifère pour peu que l'on leur fasse croire que les Allemands « n'ont rien » et que les réfugiés « bénéficient de tous les égards » comme le chante – tantôt tristounette, tantôt guillerette - Annett Müller[204], une égérie de la droite extrême allemande. Le spectre d'un « grand remplacement » (*Umvolkung*, terme inventé et utilisé par les nazis), qui fera des Allemands « une minorité dans leur propre pays », lui permet de faire rimer *Tod* avec *Not* (la mort et la misère). Il ne reste plus alors qu'à appeler à la rébellion ceux d'en-bas, « qui souffrent », contre ceux d'en-haut « qui n'entendent pas ».

L'idéologie du *Vaterland* gagne donc du terrain à mesure que grandissent angoisse existentielle et panique identitaire. Mais le mot lui-même, historiquement chargé, reste peu utilisé ; on lui préfère l'anodin *Heim* ou encore le familier *Zuhause* (A la maison), que l'on décline habituellement par « *Wir sind Zuhause* ! » (« On est chez

---

[202] Ce n'est pas autre chose que revendiquait au printemps 2018 le footballeur Mesut Özil en parlant de ses « deux cœurs », l'allemand et le turc. Cela préjugeait-il de sa fidélité pour le pays où il est né et pour lequel il jouait ?

[203] Bernhardt Schlink : *Heimat als Utopie*… ouvr. cité

[204] Tous les passages en italique sont traduits des paroles d'une chanson d'Annet Müller extraite de l'album *Zeit zu rebellieren*, (Il est temps de se rebeller). 2005.

nous ! ») comme si l'on ne savait pas auparavant où l'on habitait. A l'Est, on exhibe le drapeau blanc et noir prussien frappé de l'aigle impérial à défaut de l'étendard à croix gammée. Aux défilés nocturnes aux flambeaux de sinistre mémoire, on préfère des rassemblements vespéraux aux bougies, sur la place de la cathédrale. Pathétiques perdants de la réunification, on s'en prend aux perdants de la mondialisation. Pour tout programme politique, ce néonationalisme, qui n'est rien d'autre qu'un national-égoïsme, veut transformer l'atout du libre-échange en protectionnisme et limiter les circulations migratoires par des quotas ethnico-religieux. A Chemnitz, Cottbus ou Dresde, là où justement ils sont les moins nombreux, on attise la haine des étrangers en exploitant chaque fait divers criminel. Aux marges des manifestations, hors champ des caméras, on n'hésite plus à s'attaquer en foule aux étrangers. Et, tant qu'à faire, on proclame « Nous sommes le peuple ! » (*Wir sind das Volk*), ce qui est faire injure à tous ceux que l'on a emprisonnés pour l'avoir crié sous les fenêtres de la Stasi[205].

La confusion de la *Heimat* avec la Nation et de celle-ci avec l'Etat est fréquente et lourde de sous-entendus : il s'agit de bouter hors du territoire les étrangers et de regrouper sous le même étendard tous les nationaux. C'était déjà, au siècle dernier, le projet pangermaniste dont l'historien Michel Korinman a écrit qu'il a rendu possible le nazisme[206]. C'était il y a quelques années celui du NPD (*Nationaldemokratische Partei Deutschland*/Parti national-démocrate d'Allemagne avec son slogan « *Aus*

[205] Un autre slogan prisé par les manifestants saxons est : « *Das system ist zu Ende, wir sind die Wende*) (Le système est fini, nous sommes le changement). *Die Wende* est habituellement le terme utilisé pour désigner le changement de régime lié à la chute du mur.

[206] Michel Korinman : *Deutschland über alles. ... ouvr. cité.*

Liebe zur Heimat » (Par amour pour la *Heimat*). Ce parti en décrépitude avait cru trouver une jouvence en prônant une politique de défense de « l'essence du peuple » (« *Volkssubstanz* »), terme *völkisch* utilisé jusqu'à satiété par les nazis. Visant à séduire le même type d'électorat, Norbert Hofer avait adapté cette antienne lors de la campagne présidentielle autrichienne de 2016 avec le leitmotiv *« Deine Heimat braucht dich jetzt » (*Ta *Heimat* a besoin de toi maintenant*)*. Cette *Heimat*-là n'étant ni le Tyrol ni la Styrie, mais l'Autriche tout entière, le terme de *Heimat* redevenait, comme au milieu du siècle dernier, synonyme de *patrie*.

Avec PEGIDA[207] la *Heimat* a changé d'échelle pour se parer des couleurs de l'*Occident* et lutter contre « l'islamisation ». De *l'Occident* et non pas de l'Europe, que vomissent ses partisans. A ce stade, il est vrai, la question de la nationalité devient superfétatoire : être *patriote*, ce sera nier l'autre, le musulman pour commencer. Et puisqu'il ne faut négliger aucun argument, l'AfD (*Alternativ für Deutschland)* rejettera l'Islam pour incompatibilité avec la cuisine allemande[208]. Pour ces courants politiques, la *Heimat* est bel et bien devenue le cache-sexe d'un chauvinisme allemand (*Deutschtümelei*) d'autant plus insidieux qu'il feint la naïveté. « Aimer sa

---

207 PEGIDA est l'acronyme de *Patriotische Europäer gegen die Islamisierung des Abendlandes* (*Patriotes Européens contre l'Islamisation de l'Occident*).

208 La campagne des législatives en 2017 a vu éclore une affiche sur laquelle apparaît un porcelet et le slogan « L'Islam ? Ne convient pas à notre cuisine ». On s'est rappelé à cette occasion que W. Darré, ministre de l'agriculture du Reich de 1933 à 1942 et chef du Bureau du Reich pour la race et la colonisation (RuSHA) de 1931 à 1938 avait écrit un article sur ce thème : « *Das Schwein als Kriterium für nordische Völker und Semiten* ». J.F. Lehmanns Verla, 1933, 35 p. (Le porc comme critère de différenciation des peuples sémites et nordiques). Non traduit.

Heimat n'est pas un crime » dit un slogan du rassemblement xénophobe organisé par l'association *Zukunft Heimat* (Avenir *Heimat*) le 24 février 2018 au Blechen-Carré de Cottbus[209]. Et puisque l'on aime sa « *petite patrie* », que l'on veut y vivre selon ses choix, on ne s'en laissera pas déposséder par les étrangers : le cercle est ainsi bouclé qui mène de l'attachement à la *Heimat* au rejet de l'intrus[210].

Cependant, ceux qui sont gagnés par la peur de voir la *Heimat* « changer de drapeau » n'appartiennent pas toujours aux catégories sociales, aux groupes d'âge ou aux courants politiques attendus. Les jeunes fans du groupe de *hard rock Bad Jokers*[211] par exemple, sautillant sur place devant des décors de montagnes que l'on suppose bavaroises, répètent ainsi une affirmation bisyllabique, identitaire, exclusive et rétrograde : « *Hei-mat ! da kommen wir her, da wol-len wir sein* ! » (*Hei-mat* ! C'est de-là que nous ve-nons et là que nous vou-lons être). Dans les processus complexes de la recherche identitaire, qu'amplifie la mondialisation, rien n'est venu remplacer la nation auprès de ce public que révulse le slogan radical « Celui qui aime l'Allemagne, nous ne pouvons que le haïr » (*Wer Deutschland liebt, der können wir nur hassen)*.

---

[209] « *Heimat Liebe ist kein Verbrechen* ». L'association *Zukunft Heimat* met en avant un double mot d'ordre : la défense de la civilisation (*Kultur*) et la famille (*Familie*). L'association organise également des manifestations « apolitiques » pour la création de pistes cyclables ou contre les nuisances industrielles ainsi que, dans l'intervalle, des pique-nique « *bratwurst-bière* »)

[210] « *Wie wollen wir in unserer Heimat leben* ? » (Comment voulons-nous vivre chez nous?) et « *Wir lassen uns unsere Heimat nicht weggehen* » (Ne nous laissons pas enlever notre *Heimat*) sont deux autres slogans entendus ou lus lors de ce rassemblement.

[211] « *Heimat unter fremden Fahnen » (La Heimat sous drapeau étranger)* est le titre d'un video-clip du groupe *Bad Jokers*.

L'exaltation sans bornes de la *grande patrie* (*das Vaterland*) ne trouve en effet pas toujours grâce auprès de certains Allemands : « *Nie wieder Deutschland* ! » (Plus jamais l'Allemagne !) scandent les manifestants (pacifistes, écologistes et *alternatifs*) qui s'opposent à ce que leur pays revienne sur le devant de la scène internationale et participe à des opérations militaires extérieures. Même la victoire de la *Mannschaft* aux championnats du monde de football de 2014 n'avait pas déclenché les délires nationalistes attendus, à quelques drapeaux prussiens près.

Mais le besoin de savoir d'où l'on vient et de se sentir « *chez soi* » n'a pas pour autant disparu. La *Heimat* répond à cette demande. L'amour du pays natal a en effet l'avantage de s'accommoder de la mauvaise conscience née de l'Holocauste et permet de concilier une recherche personnelle d'appartenance, de chaleur et de racines avec des formes d'identité politique acceptables dans des sociétés modernes. Mais cette recherche demeure ambiguë : à chaque instant, le recyclage de slogans haineux et l'habileté de quelque tribun populiste à nier les leçons du passé et à exploiter les difficultés du présent peuvent faire basculer l'amour de la *Heimat* en haine de l'autre, c'est-à-dire d'abord de soi. Martin Walser l'avait déjà pressenti il y a plus de cinquante ans : « Quand il s'agit de la *Heimat*, on est facilement sans scrupule »[212].

La *Heimat* des expatriés

La tentation du repli sur le pré carré national est d'autant plus paradoxale que l'horizon géographique des Allemands ne se borne plus, si ce fut un jour le cas, aux frontières du pays. Il s'est précocement élargi, au moins à

212 « *Wenn es um Heimat handelt, wird man leicht bedenklos* » in Martin Walser : *Heimatkunde*… ouvr. cité, p. 40.

l'Ouest, par l'intensification des migrations estivales et la fréquence des séjours d'affaires à l'étranger. La plupart des Allemands comprennent désormais que le nationalisme est une manifestation de faiblesse et que la recherche éperdue d'une homogénéité ethnique et linguistique relève d'un engagement quasi religieux. Mais surtout, dans un espace où circulent (presque) librement les hommes, les capitaux et les informations, élever des murs aux frontières leur paraît contreproductif. C'est évidemment le cas de ceux qui vivent par choix hors des frontières du pays.

Si l'Allemagne est aujourd'hui un pays d'immigration, on n'y a pas tout à fait oublié que près de 8 millions de ses ressortissants se sont installés aux Etats-Unis dans la deuxième moitié du XIXe siècle et que leurs descendants (les *German Americans*) y représentent aujourd'hui 15% de la population du pays (et 25% en Ohio ou en Pennsylvanie, voire 40% dans le Wisconsin). Cette émigration est désormais suffisamment ancienne – les deux guerres mondiales ont aussi passablement distendu les liens avec l'Allemagne - pour que les *Deutschamerikaner* n'éprouvent plus à l'égard de la *Urheimat* qu'une certaine curiosité[213]. Aujourd'hui, 25 à 150 000 personnes – ce qui est peu, somme toute -quittent l'Allemagne chaque année, le plus souvent pour un temps. Un tiers d'entre elles se dirigent vers la Suisse et l'Autriche, et un quart vers les autres voisins européens[214].

D'autres, armées d'un fort pouvoir d'achat, se sont installées durablement et en nombre sur des territoires

---

[213] Elle est cependant ravivée à l'occasion de certaines manifestations comme *la parade Von Steuben*, le troisième mercredi du mois de septembre qui a lieu dans la plupart des grandes villes américaines. Elles célèbrent l'engagement du général F. Wilhelm von Steuben auprès de George Washington durant la guerre d'indépendance.

[214] Ces chiffres proviennent de l'office statistique allemand Destatis.

qu'il leur arrive de considérer comme leur *Heimat*. C'est le cas des 35 à 50 000 Allemands qui résident depuis des décennies à Majorque. Ils sont en terrain connu puisque l'île, peuplée d'un million d'habitants permanents, accueille en saison 15 millions de touristes, dont un sur trois parle l'allemand. Avec les *Bierhallen* (brasseries) de sa *Schinkenstrasse* (la *Rue du Jambon),* son rythme nycthéméral caractéristique, ses magasins spécialisés, son journal local (le *Mallorca Zeitung*), Palma offre alors, quelques semaines durant, toutes les caractéristiques d'une métropole allemande et devient l'improbable capitale d'un improbable « 17e land allemand ». La *Heimat* est ici une nouvelle *Utopia* où l'effet de masse entretient un entre soi familier et rassurant, loin d'un exotisme baléare tout de même très relatif.

Dans le « Triangle de l'aéronautique toulousain » (en fait, un quadrilatère regroupant une poignée de communes du nord-ouest de l'agglomération), une dizaine de milliers de cadres et de techniciens employés d'Airbus, originaires de Basse-Saxe, de Bavière et d'autres métropoles allemandes, ont également formé au fil des années une microsociété d'expatriés. Mais celle-ci est invisible dans la métropole occitane. Elle dispose d'équipements proches (aéroport, lycée international, hypermarchés) et de lieux de rencontre et de convivialité (Goethe Institut ou *Biergarten*) qui lui permettent de maintenir, dans la discrétion et la bienséance, une certaine identité. Bien que nourrie par le pont aérien des navettes *low cost*, leur enclave bénéficie d'une sorte d'extraterritorialité. Ces expatriés-là n'ont passé avec le pays d'accueil qu'un contrat à durée déterminée : leur *Heimat* reste outre-Rhin[215].

---

[215] C'est ce que disent les Allemands interrogés par Roberto di Bella (à partir d'un travail de l'étudiante Sophie Ziebarth) dans le film réalisé par Jean Jimenez : *Die Deutschen in Toulouse* (Les Allemands

Pour bien des Allemands, les voyages ou la vie à l'étranger sont l'occasion de prendre pleinement conscience de leurs différences. L'éloignement, même provisoire, de la *Heimat* ranime souvent un sentiment d'appartenance (*Zusammengehörigkeit*) à une communauté, sentiment dont ils ignoraient parfois qu'il était si ancré en eux. Cela semble confirmer le postulat de Nora Krug : « La *Heimat* ne peut trouver place dans la mémoire que si, au commencement de son existence, elle a d'abord été perdue »[216]. Comme son illustre prédécesseur Heinrich Heine lorsqu'il arriva à Paris en 1831, Anselm Kiefer, artiste plasticien allemand, a résumé cette découverte surprenante dans une interview à un magazine français : « Nous sommes donc venus en France [en 1993, à Barjac] et là, je suis devenu allemand : mes racines sont apparues plus clairement ! Ne pas vivre dans son pays permet de se regarder de l'extérieur » [217]. C'est bien cette perception de la diversité des paysages, des organisations urbaines, des modes de vie, des langues et des accents, qui fait que l'on se sent d'un pays, d'une région, d'une ville, d'un quartier. En l'occurrence, le Gard a renvoyé l'expatrié à son Bade-Wurtemberg natal !

C'est une expérience tout à fait comparable que vit Nora Krug, documentariste, graphiste et enseignante allemande. Après une douzaine d'années passées à New York, elle éprouve le besoin irrépressible de renouer avec ses racines et s'acharne à renouer le fil d'une histoire

---

à Toulouse). Université de Toulouse II- Jean Jaurès, 2009. On doit considérer que les manifestations de la Quinzaine franco-allemande en Occitanie, y compris l'exposition « Heimat » (voir https://www.15francoallemandeoccitanie.fr) participent plus de la promotion économique et culturelle de l'Allemagne que de la nostalgie de la Heimat.

[216] Nora Krug : *Heimat. Ein deutsches Familiealbum*... (ouvr. cité) (n. p., dans l'épilogue).

[217] Anselm Kiefer, interview dans Télérama n° 3506, 22.03.2017

familiale à laquelle elle n'avait jusque-là pas prêté une attention particulière : « Plus mon séjour à l'étranger s'allonge et plus je prends conscience de mon identité allemande. Ma *Heimat* est un écho, un mot qui a été lancé dans les montagnes puis oublié, mais qui se répète de façon incompréhensible »[218]. Il est vrai que, que ce soit à New York ou au Japon, on ne cesse par de pauvres clichés censés résumer l'histoire et la culture allemande de la renvoyer à ses origines. Le rappel fréquent du passé nazi de sa patrie lui fait dire : « Chaque fois que, jeune femme, j'ai voyagé à l'étranger, ma culpabilité voyageait avec moi ». Surmontant le silence de son père, elle explore donc les archives de sa famille, les croise avec les sources administratives disponibles et les documents d'époque. En elle monte progressivement le sentiment d'un nécessaire retour aux origines et fait de son album « le carnet de notes d'une expatriée en proie au mal du pays ».

Mais est-ce bien pour autant un passage obligé ? Les portraits des neuf *expatriés* (*Auswanderer,* littéralement : *ceux qui voyagent à l'extérieur*) faits dans le court-métrage *Heimat Paris* tourné en 2012 par trois jeunes étudiants allemands témoignent du contraire[219]. S'ils se réclament tous d'une certaine appartenance, celle-ci est parfois incertaine. Seul l'un d'entre eux, un comédien à qui, il est vrai, on ne fait jouer que des rôles de nazi, brandit son passeport pour montrer qu'il est toujours allemand tandis que les autres se réclament d'une « culture européenne » non définie. Les deux plus jeunes pronostiquent que leurs propres enfants seront français.

[218] Nora Krug : *Heimat. Ein deutsches Familiealbum.* ... (ouvrage cité). Seule l'édition allemande a pu être consultée à la date de remise du manuscrit. L'ouvrage n'étant pas paginé, aucune référence de page n'a pu être précisée.

[219] *Heimat Paris,* court métrage de Benedikte Narren, Sebastian Paulus, Martin Klöckener. Pour le portrait de Petra Kringel, l'une des neuf *Auswanderer,* suivre le lien https://vimeo.com/99324237

Quand on lui pose la question « D'où venez-vous ? » un dernier répond paradoxalement en allemand : « *Ich komme, kann man sagen, von Paris* » (Je viens, peut-on dire, de Paris). Pour la majorité, la *Heimat* du futur sera transfrontalière et bilingue : ils nomadiseront d'un pays à un autre tout en étant partout chez eux.

Les citoyens engagés depuis le milieu des années 1970 dans les *Bürgerinitiativen* d'Alsace et du pays de Bade avaient eux aussi bien compris que les difficultés qu'ils rencontraient n'avaient pas leur source ni leurs solutions dans le seul cadre national. Les effluents chimiques et les émissions radioactives n'ayant pas de frontières, ils avaient créé un mouvement badois-alsacien (*eine Badisch-elsässische Bewegung*) pour s'opposer à l'industrie chimique de Markolsheim et au projet de centrale nucléaire de Wyhl. Leur *Heimat* est un écosystème régional transfrontalier. D'autres se préoccupaient de la gestion des bassins fluviaux internationaux. Partout, de la Baltique aux Alpes et de l'Oder au Rhin, les espaces frontaliers sont depuis longtemps devenus des espaces de coopération, avec ou sans statut officiel.

Certains Allemands ne s'embarrassent cependant pas d'une question à laquelle ils savent ne pas avoir de réponse. Faisant allusion à H. Heine qui parlait de « patrie ambulante » à propos des juifs qui quittèrent la Palestine en emportant la Bible avec eux, le journaliste et critique littéraire Marcel Reich-Ranicki[220] a pu affirmer qu'il avait lui aussi « une patrie ambulante, une nationalité et pas la plus mauvaise : la littérature, plus exactement la littérature allemande ». Après tout, comme le rappelle l'historien Hagen Schulze[221], le mot « allemand » (*thiutisk* qui a

[220] Marcel Reich-Ranicki : *Mein Leben (Ma vie)*. Stuttgart, Deutsch-Verlag Anstalt, 1999. Non traduit.
[221] Hagen Schulze : *Etat et Nation dans l'histoire de l'Europe*. Paris, Le Seuil, 1996, 416 p.

donné *tudesque* en français) ne désignait pas à l'origine un territoire, mais une langue. De même, il importe peu au *geek* d'être *réellement* à Berlin ou à Londres quand il peut, grâce à son activité sur les réseaux sociaux être *virtuellement* partout. Sa *Heimat* sera probablement anglophone, puisque l'anglais est la langue vernaculaire de l'internet. A moins que ce soit un langage de programmation ou un code-source…

Le marketing de la *Heimat*

Les représentations de la *Heimat* sont devenues depuis quelques années de plus en plus diversifiées et complexes. On ne fait pas seulement allusion ici à une certaine « littérature de *Heimat* », boursouflée et proliférante, dans lequel *Heimat* est le nom donné à un décor plus qu'à un territoire et qui ne font que prolonger la tradition sucrée des *Heimatromane*[222], mais aux images que d'autres médias comme la télévision ou le cinéma nous offrent.

Les chaînes de télévision allemandes manifestent par exemple le souci d'ancrer le plus souvent possible leurs émissions dans un cadre décentralisé. La vogue de la *Heimat* aidant, les séries criminelles (*die Krimis*), un genre devenu très populaire ces dernières années, sont donc déclinées en version régionales. Les épisodes de la série

[222] On pense par exemple, au succès des éditions bavaroises Rosenheimer dont les ouvrages s'apparentent par leur contenu aux romans photos d'antan. Gabriele Raspel, auteur prolifique de la maison y a produit des ouvrages dont les titres disent à peu près tout sur le contenu : *Anna kehrt Heim* (Anna revient à la maison), *Ruf der Heimat* (L'appel de la *Heimat*), *Das Glück liegt im Chiemsee* (Le bonheur est à Chiemsee). Une collection de *moderne Heimatromane* a également été baptisée *Wilderer und Jäger* (Braconniers et Chasseurs). Cette régression mériterait une analyse plus précise.

culte *Tatort*[223] inscrivent ainsi systématiquement leur scenarii dans des villes connues. Cologne, Dortmund, Freiburg, Hanovre, Kiel, Münster ou Wiesbaden (et plus récemment Dresde ou Weimar) y sont décrites avec une précision toute documentaire. Les plans généraux sont souvent identiques. Courses poursuites et scènes d'action sont l'occasion de revisiter le patrimoine local (cathédrales, centres anciens, parcs et jardins ...) et de produire une série de cartes postales qui n'ont rien à envier aux clichés des *Heimatfilme* des années cinquante. Mais, à la différence de ces derniers, la *Gemeinschaft* dans laquelle les couples d'enquêteurs – il s'agit en effet, neuf fois sur dix d'un homme et d'une femme - mènent leurs enquêtes n'est pas villageoise, mais métropolitaine et régionale. Les *habitus* sont ici marqués par la mobilité, des pratiques et des relations sociales non contraintes, des valeurs supposées partagées. Il n'est pas rare d'y croiser des personnages « ayant un lien avec la migration » auxquels on s'applique à ne pas donner que des rôles de « méchants ».

De nouvelles représentations de la *Heimat* sont également produites dans d'autres secteurs de la communication commerciale. Le club de football de Munich (FC Bayern-Munich) a par exemple récemment diffusé une affiche sur laquelle figurent Franck Ribéry et Xabi Alonso en chemise à carreaux et culotte de cuir, une chope de bière à la main et une *bratwurst* dans l'autre ! En dehors de ce qu'elle dit sans vouloir le dire, à savoir que ce club est une coalition de professionnels dénués de toute

[223] Ils sont diffusés par l'ARD, un consortium de neuf diffuseurs régionaux relayant la première chaîne allemande (*Die Erste*) pour laquelle chaque entité produit des émissions. La presse quotidienne généraliste est également organisée sur un modèle régional ; une poignée seulement de journaux ont une diffusion nationale, avec des tirages somme toute limités.

attache locale[224], cette affiche proclame fièrement que soutenir le Bayern-München c'est être bavarois ! Qu'importe donc le passeport ! Cela pourrait laisser espérer que, pour peu qu'ils soient supporters du club, les jeunes Turcs issus de l'immigration puissent devenir *Heimatgenossen* et donc supposément Allemands, voire Bavarois. On sait que, comme dans la France « *Black, blanc, beur* » des années Zidane, cette idylle n'aura qu'un temps.

Sur un autre mode, le succès d'un groupe musical comme *Die Heimatdamisch* atteste également d'une nouvelle perception de la *Heimat*. Les membres du groupe, vêtus de costumes traditionnels bavarois (*dirndl* pour l'une et culottes de peau et chapeaux à plumets pour les autres) adaptent avec succès les standards internationaux les plus populaires, comme le *Highway to Hell* d'AC/DC[225]. Inspiration globale, application locale : la *Heimat* fait là une surprenante démonstration de flexibilité !

Un autre exemple d'opportunisme dans l'utilisation de la *Heimat* est celui du groupe agro-alimentaire Edeka. Avec sa marque *Unsere Heimat*, il valorise de façon systématique la proximité entre producteurs et consommateurs. L'entreprise, créée en 1934 sous la forme d'une société anonyme par actions (GmBH), emploie 44 000 salariés. Et est structurée en sept grands ensembles géographiques au sein desquels s'effectuent l'essentiel du *process* de transformation des matières premières en produits finis : culture, transformation, contrôle de qualité, transport vers les étals. Profitant de la vogue du locavorisme (le *manger local*), Edeka veut créer un rapport de confiance entre producteurs et consommateurs

---

224 Pour ceux qui l'ignoreraient : le premier joueur est français et le second espagnol.

225 Suivre le lien : https://www.youtube.com/watch?v=n_gtGfAail4

au sein d'une *Region*. Les produits sont donc dotés d'une *Regionalität* que l'argumentation publicitaire souligne. Le découpage en sept *regionen* (Nord, Minden-Hanovre, Rhin-Ruhr, Hesse, Nord-Bavière, Sud-Bavière et Sud-Ouest) est spécifique à Edeka et ne correspond en rien à des critères administratifs. Si *Region* et *regional* figurent bien dans les dictionnaires allemands, il semble bien que *Regionalität* soit un néologisme. *Unsere Heimat* se veut « proche et bon » (*Nah und gut*) et ses produits naturels (sinon authentiques) et savoureux (*Echt und gut*). S'y ajoute une dimension citoyenne : l'implication locale de l'entreprise, l'utilisation sur place des profits, sa responsabilité écologique et son rôle en matière d'emploi. On aura compris qu'il entre dans ce *marketing de la Heimat* beaucoup d'opportunisme et un peu de mauvaise foi, si ce n'est de la duperie. Les sept *regionen* ne sauraient en effet se confondre avec quelque *Heimat* que ce soit. La *region Süd-West* de l'entreprise recouvre par exemple la presque totalité des *länder* de Bade-Wurtemberg, de Sarre, une partie de la Rhénanie, de la Hesse et de la Bavière, soit toute l'Allemagne au sud de Francfort et à l'ouest d'une ligne qui irait de Aschaffenburg au lac de Constance, soit au bas mot 16 millions d'habitants desservis par quatre grands centres logistiques d'où partent chaque jour des centaines de camions !

L'exemple récent du film d'Ulrike Grote *Die Kirche bleibt im Dorf*[226], censé se dérouler en Souabe, est tout aussi étonnant. C'est peu dire que le fil narratif en est ténu : le film narre en effet l'opposition entre deux bourgs d'une région viticole de Souabe dont les noms (Unter et

[226] *L'église reste au centre du village*. La chaîne Arte en a diffusé en mars 2017 une version française sous le titre *Querelles de clocher*. On peut en voir la bande-annonce en VO sur le site de la chaîne ARD : https://www.ardmediathek.de/tv/

Oberrieslingen) sont une promesse de joyeuses agapes... Le succès du film a été tel qu'il a entraîné une suite tout aussi déjantée (*Täterätätä- Die Kirche bleibt im Dorf 2*) dans laquelle les deux communautés réconciliées se rendent à Hambourg pour un concours musical. C'est l'occasion pour les héros de mesurer le degré d'altérité linguistique, gastronomique, vestimentaire qui les sépare des *bobos* de Sankt Pauli. Une série télévisée très suivie et une *Semaine de la Heimat* sur la Südwest Rundfunk ont prolongé ce que d'aucuns ont appelé le *revival souabe.* Rien ne participe ici du *Heimatbashing* : l'autodérision est une constante de ces nouvelles productions et les acteurs n'hésitent pas à exagérer l'accent bavarois ou souabe, jusqu'à le rendre incompréhensible. Mise à distance par l'humour, la *Heimat* est assumée et revendiquée[227].

Les avatars politiques de la *Heimat*

L'actualité de la *Heimat* est incontestable, parce qu'elle est, écrit Peter Blicke[228], « à la croisée des notions de modernité, d'identité, de genre, de nature, de responsabilité et d'innocence ». L'attention portée à la protection du patrimoine local (*Heimatschutz)* et à la défense de l'environnement naturel (*Umweltverteidigung*) a renforcé son rôle, même si certaines de ses

[227] Natalia Wörner, la « *Schwäbische Subr Schdar* » (*ie* : la superstar souabe) des deux films confie qu'elle a redécouvert à l'occasion du tournage les odeurs et les souvenirs de son enfance ainsi que les sonorités d'un dialecte oublié. Natalia Wörner : *Heimat-Lust. Meine schwäbische Liebeserklärung*. München, Rieman Verlag, 2015, 256 p. (*Désir de Heimat. Ma déclaration d'amour pour la Souabe)*. Non traduit. L'actrice parle de « *Heimkehr im Ländle* » soit « un retour au *pays* », en utilisant un diminutif de *Land* (*Ländle*).

[228] Peter Blicke: *Heimat. A critical Theory of the german Idea of Homeland.* Raleigh, NC, Camden House, 2004, 186 p. (Une théorie critique de la notion allemande de *Heimat*). Non traduit.

représentations restent encore figées dans une collection de clichés. A examiner ceux-ci, on a parfois l'impression que les seuls habitants sédentaires de la *Heimat* sont les arbres ! Même la *Heimatkunde (étude locale)*, qui a gagné ses lettres de noblesse en passant à l'université, en fait à présent un objet scientifique et un concept désincarné. Le risque est donc que, guettée d'un côté par la sclérose et vendue de l'autre à toutes les sauces, tirée à hue et à dia, elle soit vidée de son sens.

La multiplication de questionnements tels que : « La *Heimat* et la famille » (Fondation Konrad-Adenauer), ou « La foi peut-elle être une *Heimat* » (site Katholisch.de), ou encore « L'Europe peut-elle être *Heimat* » ? (Deutschlandfunk) menace la notion de *Heimat* de dilution[229]. Plus récemment, le PDG de la grande chaîne allemande de distribution REWE (300 000 salariés) a imaginé le supermarché du futur en ces termes : « Ce sera un baume pour l'âme, un lieu où l'on retrouvera son boucher, son boulanger, et les odeurs oubliées de son enfance »[230]. Souhaite-t-il que l'on pense à ses galeries marchandes comme à la *Heimat* ? On le voit, quels qu'en soient les détournements, la *Heimat* est bien loin de disparaître de l'univers politique et culturel germanique. De toutes les

---

[229] Cela n'est pas vraiment nouveau. Erich Kästner par exemple, déplorant de ne pouvoir émigrer, écrivait en 1943 : « Je suis un Allemand de Dresde, en Saxe/ La Heimat ne me laisse pas la quitter » *(Ich bin ein Deutscher aus Dresden in Sachsen/ Mich läß die Heimat nicht fort »*. La *Heimat* était ici le nom de la *Geheimstaatspolizei* (ou *Gestapo)*. (E. Kästner : « *Notwendige Antwort auf überflüssige Fragen* » dans « *Kurz und Bündig. Epigramme* ». Hamburg, Atrium Verlag, 2017. (Réponses nécessaires à des questions superflues). Non traduit.

[230] Alain Caparros in *Le Monde*, 25 mars 2017. La chaîne REWE qu'il a dirigée jusqu'en 2018 regroupe les marques Aldi, Lidl, etc. et emploie 330 000 salariés.

utopies, on pourrait même dire qu'elle est probablement la plus vivante.

Pour ne pas laisser aux seuls populistes la référence à la *Heimat*, Alexander Van der Bellen, le Président de la République autrichienne, en a revisité le contenu. Pour lui, il ne saurait se résumer à l'usage d'un dialecte, au port d'un costume folklorique ou à l'adhésion à une association de chasse (*Schützenkompanie*). Dans un débat télévisé avec Norbert Hofer, le chef du parti populiste ÖVP, il déclare qu'elle ne doit pas être réservée (*beschränkt*) à ceux qui habitent là « depuis 300 ans » et insiste : « c'est quelque chose qui se doit d'être ouvert »[231]. S'adressant à un autre public, il revient dans une interview accordée à la revue *Profil* sur le caractère inclusif et non exclusif de (sa) conception de la *Heimat*[232]. Il dénonce le caractère sectaire des conceptions traditionnelles en faisant afficher sur ses panneaux électoraux le slogan : « Celui qui aime notre *Heimat* ne la divise pas »[233].

---

[231] *« Jedoch etwas was offen sein muß »*. Cette déclaration, faite lors du débat du 14 avril 2016 a visiblement surpris son interlocuteur, sidéré par le hold-up d'un concept qui lui semblait jusque-là réservé à son courant populiste et xénophobe.

[232] « *Mein Heimatbegriff ist nicht ausschließend, sondern einschließend* ». Gernot Bauer et Rosemarie Schwaiger : « *Fast wären mir die Tränen gekommen » (*Les larmes me sont presque venues aux yeux) in *Profil*, 15.11.2016. Le titre de l'article évoque sa réponse à la question de savoir s'il a un jour éprouvé le mal du pays (*Heimweh*). Il évoque un départ de sa région du Kaunertal.

[233] « *Wer unsere Heimat liebt, spaltet sie nicht » ;* Cette conversion tardive et intéressée aux vertus de la *Heimat* lui vaut, au même titre que ses adversaires, d'être traité de *Patridioten* (*patridiots*) et brocardé dans des clips video tels que celui où le groupe *100% Heimat* chante : „*die 100% Heimat leg ich nur auf mein Brot,/ den Käs von unsren Kühen im Sonderangebot/ 100% Österreich, geschmacklich exzellent/ doch Käse sollt nicht kommen vom Bundespräsident*" (Je ne mets que du 100% *Heimat* sur mon pain/ Le fromage de nos vaches est en promotion/ 100% autrichien, d'un goût excellent/ mais le fromage ne doit pas venir du Président)

Le leader écologiste a été rapidement suivi par d'autres responsables politiques jusque-là réticents à utiliser un concept historiquement chargé. Robert Habeck, ministre de l'énergie, de l'agriculture, de l'environnement et de l'informatisation du Schleswig-Holstein depuis 2012 a pris, avec quelques autres responsables politiques, le virage qui mène de la promotion du *multikulti* à la *Heimat*. Il considère désormais que les traditions et les valeurs qu'elle véhicule sont utiles, car « les hommes ont besoin de traditions »[234]. Mais si *Heimat* est bien pour lui le nom d'une classique nostalgie (*Sehnsucht*), elle est aussi et surtout le lieu de nouvelles solidarités, du « vivre ensemble » (*Zusammenleben*). Que le concept de *Heimat* (tout comme celui de nation ou d'identité) ait été détourné par les nazis et confisqué par les populistes de l'AfD lui importe peu. C'est même pour lui une bonne raison de les réinvestir et de les remettre en débat.

Passant de *Grünen* peu sensibles aux connotations droitières de la notion de *Heimat*, qu'ils estiment être des préjugés partisans dépassés, l'intérêt pour la *Heimat* a gagné la social-démocratie. En 2017, dans le cadre des négociations pour la formation d'une grande coalition, le ministre des Affaires Etrangères Sigmar Gabriel a prôné l'ouverture d'un débat sur la *Heimat* et sur ce qu'il appelle la « culture dominante » (*Leitkultur*) qui a longtemps méprisé cette référence populaire[235]. La polémique qui s'ensuivit, plus clairement politique, l'amena à remettre en cause le bilan des années Schröder. Pour lui, l'acceptation sans critique de la mondialisation, qui caractérisait cette

(https://www.youtube.com/watch?v=j2DT2h35HX8.

[234] „Was *Heimat* für Robert Habeck ist". Frankfurter Allgemeine Zeitung, 8 octobre 2016.

[235] *Sehnsucht nach Heimat* (la nostalgie de la *Heimat*). Non traduit. Contribution de Sigmar Gabriel dans le magazine *Der Spiegel* n°51/2017. L'auteur était à cette date ministre des Affaires Etrangères du gouvernement d'Angela Merkel. C'est un ancien leader du SPD.

période, a amené une perte de racines (*Heimatlosigkeit*), accentuant l'insécurité sociale et amenant une montée en force des courants populistes, identitaires et xénophobes.

Le *désir de Heimat* qui se manifeste dans des strates élargies de la population ne serait donc rien d'autre qu'une demande de repères, de stabilité, de nouvelles solidarités socio-spatiales abandonnées sous les mandats du chancelier social-démocrate. Ce virage aurait été d'autant plus mal vécu que, si l'on excepte la période du paternalisme bismarckien, c'est bien la social-démocratie qui a historiquement porté les valeurs collectives et les orientations sociales de ce que l'on a appelé *l'économie sociale de marché* ou *capitalisme rhénan.* Son affaiblissement politique et ses difficultés électorales sont certainement le signe de son incapacité à répondre aux aspirations de la population, dans un monde devenu plus incertain. Mais, à ce stade, ne pourrait-on ajouter que l'emprunt d'une thématique historiquement chargée comme celle de la *Heimat* révèle aussi son affaiblissement idéologique ?

C'est de la Bavière conservatrice, voire traditionnaliste, qu'est venue l'initiative la plus propre à renouveler la compréhension que les Allemands pouvaient avoir de la *Heimat.* A l'issue des élections régionales de 2013, on a accolé à l'ancien ministère des finances du Land (*Bayerisches Staatministerium der Finanzen*) un département chargé du développement rural et de la *Heimat* (*für Landesentwicklung und Heimat*) implanté à Nuremberg. Ce département, un peu pompeusement appelé *Heimatministerium*, était en fait chargé, à l'échelle de la Bavière, de ce que l'on pourrait appeler le « développement local », c'est-à-dire l'aménagement du territoire, la protection de l'environnement, l'entretien du patrimoine bâti et des monuments, mais aussi la préservation du patrimoine culturel, des langues régionales, des traditions populaires. Il n'y a là rien de très nouveau si l'on se réfère à l'histoire de la *Heimatkunde* et du *Heimatschutz* déjà évoquée[236]. Mais cette politique, qui s'exerce sur le territoire du land le plus étendu d'Allemagne, traduit aussi surtout la volonté de mettre en pratique une certaine décentralisation administrative (*Dezentralisierung*) et un fonctionnement plus proche du citoyen (*bürgerfreundlich*) et moins bureaucratique (*unbürokratischer*). La *Heimat*, historique conservatoire des arts et traditions populaires, se veut désormais lieu privilégié du développement local, des initiatives citoyennes et de la protection de l'environnement.

Ce retour tonitruant de la *Heimat* dans le champ politique n'est cependant pas sans dérive. Chacun y est allé de sa définition, à tel point que le trop-plein menace : « Au secours, ça *Heimatise* à tout va ! » écrit d'ailleurs le journal *Die Zeit* qui s'inquiète de voir le terme « utilisé par de mauvaises personnes au mauvais moment et au mauvais endroit » ou, au mieux, « de manière irrationnelle et contradictoire »[237]. Ces craintes sont confirmées par la nomination le 2 mars 2018, dans le cadre d'un gouvernement de « grande coalition », de Horst Seehofer à la tête d'un grand « Ministère fédéral de l'Intérieur, de la construction et de la *Heimat » (Bundesministerium des Innern, für Bau und Heimat)*[238]. Ce ministre, issue de la très conservatrice faction CSU de Bavière, a obtenu, avant même d'être officiellement désigné, que soit fixé un quota

---

[236] Voir ci-dessus par pp.41-45 et 50-53.

[237] « *Hilfe, es Heimatet sehr* ». Article de Johannes Schneider, *Die Zeit*, 9 octobre 2017.

[238] Le service de presse du ministère suggère que l'on traduise cette dénomination par *Ministère de l'Intérieur, de la construction et des Territoires*. Thomas Wieder parle cependant (Le Monde, 4 juillet 2018, p. 2) de *Ministère de L'Intérieur, de la construction et de la patrie*, ce qui apparaît lexicalement discutable mais politiquement adéquat.

annuel de migrants inférieur à 200 000 personnes par an et soutient que « l'Islam n'appartient pas à l'Allemagne ».[239]

A l'occasion de la publication de son numéro spécial sur la *Heimat* en 2016, le magazine Spiegel[240] a publié un sondage dont les résultats prêtent à discussion. A la question « Qu'est-ce pour vous que la *Heimat* ? », il ne propose qu'une seule réponse possible. Sans surprise, on constate que pour 33% des personnes interrogées, elle était « là où ils habitent », pour 31% « là où est leur famille », 18% « leur lieu de naissance », 12% « l'Allemagne » et 5% « là où sont leurs amis ». Mais, à l'évidence, ces critères peuvent se superposer dans une infinité de combinaisons puisqu'aussi bien on peut vivre où l'on est né, ou bien être né où sont nos amis et nos parents sans y vivre, etc. Sans parler de la possibilité de déménager tout en changeant d'amis. A chacun sa *Heimat* !

---

239 « *Der Islam gehört nicht zu Deutschland* ». Déclaration à la presse le 2 mars 2018. Il réaffirme l'appartenance de l'Allemagne à la chrétienté, concède cependant que les étrangers peuvent vivre *aux côtés* des Allemands et exclut toute mesure coercitive d'expulsions et de retours forcés d'étrangers.

240 *Heimat*. Revue *Der Spiegel Wissen* n°6, 2016, 110 p.

« *Patria est, ubicumque est bene* »
Cicéron
(*Tusculanes*)

Comme on le pressentait, la question de la *Heimat* est bien une passion allemande. Ancienne et continue, qui plus est. Pour la majorité des Allemands, la *Heimat*, c'est d'abord, et incontestablement, du passé, une histoire, le poids de ce qu'ils ont laissé derrière eux. C'est une sorte de familiarité (*Vertrautheit*) avec les gens et les choses, un *je-ne-sais-quoi* qui fait qu'ils les reconnaissent alors qu'ils ne sont pas certains de les avoir jamais vus. Cette *Heimat* est un bric-à-brac : un vécu, des souvenirs, des lieux, des sentiments, des odeurs et des paysages.

Chacun pense qu'elle lui est donnée alors qu'en réalité, il l'a construite en s'appuyant sur ce qu'il sait de lui-même : la *Heimat* est « le pays où l'on s'est trouvé, écrit Marc Crépon, c'est-à-dire le pays où l'on a trouvé son chez-soi »[241]. C'est le Kaunertal, où a grandi Alexander Van der Bellen, le président de la République autrichienne, né à Vienne de parents d'ascendance néerlandaise et allemande et originaires tous deux d'Estonie. Lors de la campagne électorale de 2016 il définit cette vallée du Tyrol comme le lieu où, dit-il, « je me sens bien, où je suis accepté, où, au fil du temps, j'ai trouvé du travail et fait carrière, dont je parle la langue, et

[241] Marc Crépon: article *Heimat* in Barbara Cassin (dir.) : Vocabulaire européen des philosophies. Dictionnaire des intraduisibles. Paris, Seuil/ Le Robert, 2004 (pp. 546-549) (p. 546)

même le dialecte », ce qu'il résume de manière lapidaire par la formule : « Je m'y sens chez moi »[242].

Son « chez-soi » ? Il faut ici, de nouveau, en revenir à l'étymologie et rappeler que si dans *Heimat*, il y a effectivement *Heim,* le *Home* ou la maison, *le foyer,* elle n'est pas simplement le lieu « *où* l'on habite », mais le lieu « *que* l'on habite », ce qui n'est pas synonyme de se loger, de résider, d'être domicilié, mais implique un rapport affectif à l'espace. Car « l'homme habite en poète », dit F. Hölderlin et cela parut même à M. Heidegger « le trait fondamental de l'Être »[243]?

Malgré la multiplicité des acceptions, la *Heimat* continue de cristalliser un certain nombre d'aspirations et en particulier celle de « faire société ». C'est qu'elle offre, à côté de sa matérialité, des représentations qui en font un espace souple, dans lequel chacun peut se projeter et que tous peuvent s'approprier. Elle permet de dépasser les sommations autoritaires et exclusives des communautés existantes (la famille, la nation, la religion) pour en faire les termes d'un choix. Cela revient à affirmer que toute forme de vie en société doit être le produit d'une volonté réfléchie et non l'expression d'un ordre historique présenté comme établi de toute éternité. Comme dans toute association, « le libre développement de chacun

---

[242] Débat cité du 14avril 2016 entre Alexander Van der Bellen et Norbert Hofer

[243] « *Voll Verdient, doch dichterisch, / Wohnet der Mensch auf dieser Erde* » (Plein de mérites, mais en poète/ L'homme habite sur cette terre) (F. Hölderlin : *In Lieblicher Bläue*, 1808). M. Heidegger reprend ce vers comme titre d'une conférence en 1951. M. Heidegger : *L'homme habite en poète* in *Essais et conférences*. Paris, Gallimard, coll. Tel, 1958, pp. 224-245.
Il est curieux de noter que les sciences humaines contemporaines (anthropologie, sociologie ou géographie) qui se sont intéressées à *l'habiter* aient continument ignoré la *Heimat*.

devient alors la condition du libre développement de tous »[244].

Cette aspiration, profonde chez les Allemands nés après la guerre, a eu le mérite de freiner certaines tentatives de faire de la *Heimat* le substitut de la patrie et de la nation. Cette dérive s'était déjà produite une première fois, rappelle Christopher Clark, quand « l'idéologie informelle de la *Heimat* (la terre natale) » s'est confondue en Prusse « aux concepts culturels ou ethniques d'une nationalité allemande »[245]. Quelques années plus tard, les nazis ont volontairement confondu la *Heimat* et le *Gau* (une région à composante ethnique et culturelle), avec le *Reich* lui-même[246]. La démarche, on le sait, était intéressée : il s'agissait de mobiliser la *Volksgemeinschaft* (la communauté du peuple) à des fins politiques et de s'appuyer sur l'amour du pays natal pour promouvoir un projet expansionniste, de partir de la vie quotidienne pour se projeter dans une aventure millénariste. On construisait ainsi de toutes pièces une identité collective, renforcée par le rejet, l'exclusion, et le plus souvent la destruction des « allogènes ».

Dans un entretien avec le journaliste Matthias Matusskek[247], Klaus von Dohnanyi affirme que, malgré

---

[244] K. Marx et F. Engels : *Manifeste du Parti communiste.* Paris, Editions sociales, 1965. (Traduction de Laura Lafargue, 1885) (Edition originale en allemand : *Manifest der Kommunistischen Partei*, Londres, février 1848).

[245] Christopher Clark : *Histoire de la Prusse.* Paris, Perrin, 2009 (p. 661)

[246] Claus-Christian Szejnmann et Maiken Umbach : *Heimat, Région and Empire... Ouvr. cité.*

[247] Mattias Matussek : *Nous Allemands*, ouvr. cité (chap. 8, page 123 et ss.). Klaus von Dohnanyi, né en 1928, a exercé diverses responsabilités politiques. Il a en particulier été bourgmestre de Hambourg et ministre fédéral de l'éducation et de la science. Il est le fils de Hans von Dohnanyi et le neveu du pasteur Dietrich Bonhoffer,

cet héritage lourd, les liens entre individus resteront forts à l'échelle de la nation. Mais d'autres viendront cependant s'y ajouter « au-dessous du niveau de la nation ». Ils passeront par « les villes, les provinces, les régions » et, insiste-t-il, par la création d'un « espace linguistique ». Comme la langue n'appartient à personne (c'est-à-dire qu'elle appartient à tous ceux qui veulent bien s'en saisir), elle sera le trait d'union par excellence, la clé d'un monde où l'on pourra se parler avec une chance de se comprendre.

La *Heimat* reste donc une route semée d'obstacles, que nous surmontons jour après jour, poussés par la prescience qu'elle conditionne notre devenir, qu'elle détermine nos choix et définit ce qui pourrait être notre « mission ». Alors que nous la croyons originelle, nous ne cessons de la tisser en passant des chaînes imaginaires dans une trame identitaire. En définitive, écrit Marc Crépon[248], la *Heimat* est tout simplement « ce qui permet à un être de se manifester et de se développer, de révéler son essence ». Christoph Türcke va plus loin : pour lui, la *Heimat* n'est pas réductible à un espace ou un territoire donné. C'est, dit-il, « un non-lieu », littéralement « une utopie »[249], ce qu'Ernst Bloch avait défini avant lui comme « le lieu de l'identité avec soi-même et avec les choses », « quelque chose qui nous apparaît à tous dans l'enfance et où personne n'a jamais été »[250].

Il n'est pas douteux que cette question nous concerne tous. Le géographe Jacques Lévy[251] l'a souligné, elle se

---

deux opposants au nazisme décédés en 1945 à Sachsenhausen et à Buchenwald.

[248] Marc Crépon : article cité … (p. 547)

[249] „*Ein Nicht-Ort, griechisch: utopos*“, Christoph Türcke: *Heimat. Eine Rehabilitierung*. (ouvr. cité)

[250] Ernst Bloch : *Le Principe Espérance*... t. 1, p. 17 et t. 3 p. 560.

[251] Jacques Lévy : *Europe, une géographie*. Paris, Hachette, 1997, pp. 76-77.

pose désormais un peu partout en Europe : en Espagne, avec la montée des *autonomias* et de l'indépendantisme catalan, ou en Italie avec le sécessionnisme de la *Lega.* Elle se pose également dans les pays où le « *modèle Vaterland* » a jusqu'ici été la règle, comme au Royaume-Uni ou en France. Pour J.P. Le Goff[252] « la fin du village » et la « nostalgie d'un univers rural » disent beaucoup sur le malaise français, et sur la fatigue « non pas de la modernité, mais du modernisme » dans notre pays. Dans ce contexte, écrit-il, le village reste une « collectivité d'appartenance, imprégnée d'une culture partagée dont la *petite* et la *grande patrie* demeurent le creuset ». Soit bel et bien une sorte de *Heimat !*

La *Heimat* parle de nos racines, de notre atopie fondamentale. Elle dit la douleur de nos mobilités, de nos départs et de nos retours. Elle retrace les sinuosités de nos parcours, qui vont des môles de nos rencontres aux fossés de nos ruptures. Elle dit le mal que nous avons à passer de l'un à l'autre des territoires que nous habitons, de la coprésence et de l'entre soi à l'acceptation d'un monde globalisé. Elle interroge nos affiliations, nos appartenances et nos loyautés croisées : elle nous enjoint de définir nos identités multiples.

Celle que nous pourrions appeler de nos vœux, n'est pas une *Heimat* fermée, passéiste et agonistique, dans laquelle chacun se draperait d'un drapeau national pour se replier dans son insularité monolingue. Cette *Heimat*-là prétend réduire l'entropie qui la menace en chassant ceux qu'elle désigne comme intrus. C'est le Unterleuten que décrit Juli Zeh où « chacun habite son propre univers, dans lequel il a raison du matin au soir »[253]. Elle est imbue de sa supériorité et donc, par essence, porteuse de violence et de

---

[252] J.P. Le Goff : *La fin du village. Une histoire française.* Paris, Gallimard, 2012, 771 p. (p. 23)

[253] Juki Zeh : Brandebourg… Ouvr. Cité (p. 512)

rejet. Or, il n'y a pas de *Heimat* qui surpasserait en noblesse une autre. Elles sont toutes d'égale dignité. Le bonheur que l'on peut éventuellement avoir à « être né quelque part » ne tient pas à nous, mais au hasard. Nous n'avons rien fait pour le mériter et nous n'avons pas plus de raisons de croire le pays où nous payons nos impôts supérieur (et du reste, en quoi le serait-il ?) à un autre.

A l'opposé de la *nation,* par définition exclusive, une *Heimat polytopique*[254], qui tiendrait compte des mobilités de chacun et ne ferait pas de l'enracinement son leitmotiv serait porteuse de lien social et de progrès. Une identité assumée, ferme sur le respect intangible de la personne humaine et les valeurs de la démocratie, permet de s'ouvrir à l'altérité, de la même manière que, face aux raidissements xénophobes, affirmer une appartenance européenne n'est pas vendre son âme au cosmopolitisme. Cette ouverture ne se fera pas tant sur la mondialisation que sur le « *Weltgeist* » dont parle F.W. Hegel, cet « esprit du monde » qui n'est rien d'autre que la manière dont la Raison « s'inscrit dans des figurations historiques » avec leur part « d'arbitraire, de hasard et d'erreur »[255].

On peut refuser de se préoccuper de ces aspirations tant elles paraissent ambiguës, voire rétrogrades et assurément dangereuses lorsqu'elles prennent la forme d'une affirmation identitaire ethnicisée ou nationaliste. Il n'empêche que des thèmes comme la ségrégation socio-spatiale ou la mémoire de la colonisation et de l'immigration sont devenus prégnants et nous imposent de

---

[254] Mathis Stock : *Habiter avec l'autre : identités et altérités dans les styles d'habiter polytopiques.* Paris, L'Harmattan, Revue Le sujet dans la cité, 2011/1 (n°2), pp. 54-65

[255] F.W. Hegel : *La Raison dans l'histoire.* (*Die Vernunft in der Geschichte)* (Deuxième partie de l'introduction à *Leçons sur la philosophie de l'histoire mondiale (Vorlesungen über die Philosophie der Weltgeschichte*), Hambourg, Felix Meiner, 1955 (édition originale en 1822-1830).

définir nos appartenances sociales, nos ancrages territoriaux et nos loyautés personnelles, à défaut d'une identité collective[256]. On s'expose à de violentes conflagrations à le refuser. La *Heimat*, quel que soit le nom qu'on lui donne ici ou là, est une façon de se poser la seule question qui importe : qu'est-ce qui, dans ces temps incertains, nous permettra de *vivre ensemble* ?

---

[256] C'est ce que montrent, de façon convaincante, Benjamin Stora et Alexis Jenni dans *Les mémoires dangereuses*. Paris, Albin Michel, 2016, 233 p.

Glossaire

Asylbewerber : demandeurs d'asile (administratif)
Asylanten : demandeurs d'asile (péjoratif)
Aussiedler : Allemands de souche *rapatriés* des pays de l'Est après la chute du rideau de fer
Blut und Boden (Blubo) : sang et sol
Bodenlos : sans sol, hors-sol, sans racines
Deutsch (de teutsch, *teuton) :* Allemand.
Deutschtum : la germanité
Flüchtling (-e) (Flucht): Refugié (fuite)
Gemeinschaft : communauté
Gemütlichkeit : le fait d'être bien
Heimat : le foyer, le pays natal, la petite patrie
Heimatkunde : connaissances liées à la *Heimat*
*Heimat*los : Sans *Heimat*, apatride
*Heimat*schutz : protection de la *Heimat*
Heimweh : mal du pays
Jugendbewegung : Mouvement de jeunesse
Landsmannschaft : organisation regroupant des personnes originaires de la même région (Landsmann)
Lebensraum : espace vital
Ostvertriebene (-n) : expulsé des régions de l'Est (du Reich)
Vertreibung : expulsion
Sehnsucht : nostalgie
Ur*heimat* : *Heimat* originelle (pays d'origine)
Übersiedler : Allemands de l'Est installés à l'Ouest après la réunification
Vaterland : patrie
Volk : peuple
Volksdeutsch (-en) : Allemand *de souche*
Volksgeist : esprit du peuple (national)
Volksgemeinschaft : communauté du peuple

Volkstum : culture du peuple (nationale)
Völkisch : racialiste, raciste, blubo
Wanderer : randonneur, voyageur

Indications bibliographiques et filmographiques

Ouvrages

Heimat. N° spécial de *Der Spiegel Wissen* n°6, 2016, 110 p.

Bliersbach G. : *Nachkriegskino. Eine Psychohistorie des westdeutschen Nachkriegsfilms 1946-1963*. Gießen, Psychosozial-Verlag, 2014. (Le cinéma d'après-guerre. Une *psychohistoire* du film d'après-guerre en Allemagne de l'Ouest, 1946-1963). (non traduit)

Blicke P. : *Heimat. A critical Theory of the german Idea of Homeland.* Raleigh, NC, Camden House, 2004, 186 p. (Une théorie critique de la notion allemande de *Heimat*). (non traduit).

Cassin B. : *La nostalgie. Quand donc est-on chez soi ? Ulysse, Enée, Arendt.* Paris, Ed. Autrement, 2013.

Höfig W. : *Die deutschen Heimatfilme, 1947-1960.*Stuttgart, Enke Verlag, 1973, 459 p. (Les films de *Heimat* allemands, 1947-1960). (non traduit).

Krug N.: *Heimat. Ein deutsches Familiealbum.* München, Penguin Verlag/ Random House, 2018 (*Heimat. Loin de mon pays, l'Allemagne*. Paris, traduit de l'anglais par E. Cassin-Castric, Paris, Gallimard, à paraître en octobre 2018).

Moosman C. : *Die Geschichte des deutschen Heimatfilms : zwischen Traumwelt und Kommerz.* San Francisco, Grin Publishing, 2007. (Histoire du film

allemand de *Heimat* : entre rêve et commerce). (non traduit).
Schlink B. : *Heimat als Utopie*. Frankfurt. Suhrkamp. 2000 (9e éd. 2017). (La *Heimat* comme utopie) (non traduit)
Türcke Ch. : *Heimat. Eine Rehabilitierung*. Springe, Zu Klampen Verlag, 2006 (*Heimat*. Une réhabilitation). (non traduit).

Films

Reitz E. : *Die Heimat Trilogie,* Heimat 1 *: Une chronique allemande* (1984, 11 épisodes, 940 mn) ; Heimat 2 *: Chronique d'une jeunesse* (1992, 13 épisodes, 1532 mn) ; Heimat 3 : *Chronique d'une époque* (2004, 6 épisodes, 658 mn). (en DVD)
Reitz E. *: Heimat.* Première partie *: Chronique d'un rêve*. Deuxième partie *: L'Exode*. 2013, 102 mn et 129 mn (en DVD)

Table des matières

ALLEMAGNE
AUX ÉDITIONS L'HARMATTAN

Dernières parutions

LE DÉLIT D'AWA
Roman
Pierrick Guinard
Dortmund, Allemagne. Awa, une jeune femme de ménage détruit par erreur une oeuvre de Martin Kippenberger, artiste de renommée internationale. Quelque temps plus tard, l'auteur rencontre Awa et la fréquente trois mois durant : une envie de comprendre qui elle est et quels ont été la nature et le sens de son geste au regard de son propre parcours. Il entreprend alors de dérouler librement le fil de cet événement tragicomique qui a défrayé la chronique dans le monde entier...
(Coll. Amarante, 214 p., 20 euros)
ISBN : 978-2-343-14677-5, EAN EBOOK : 9782140095917

L'ALLEMAGNE ET LES MIGRANTS
Théories, stratégies et regards croisés sur une réalité complexe
Sous la direction de François Genton et Susanne Berthier-Foglar
L'histoire de l'humanité est une histoire de migrations. La fin des empires coloniaux, les crises économiques et démographiques et les guerres ont engendré un phénomène de migrations qui concernent tous les continents. Prenant pour objet central l'Allemagne, qui a ouvert son territoire à la fin de l'été 2015 à des centaines de milliers de réfugiés, cet ouvrage présente les théories et les stratégies qui sous-tendent les migrations, puis se ramifie vers les régions (anciennement) colonisées et la construction de nouvelles identités.
(Coll. Minorités et Sociétés, 230 p., 23,5 euros)
ISBN : 978-2-343-14727-7, EAN EBOOK : 9782140094439

COUPLE FRANCO-ALLEMAND ET LE ROYAUME-UNI (LE)
Une histoire d'Europe(s)
Laurent Chikhoun
Le 29 mars 2017, Theresa May, Premier ministre britannique, vient de déclencher l'article 50 du traité de Lisbonne, neuf mois après la décision par référendum du peuple britannique de voter pour le Brexit. L'Europe est à un tournant de son histoire, et les déclarations du couple franco-allemand formé par Angela Merkel et François Hollande au lendemain du 23 juin 2016 sont le signe d'une grave prise de conscience. Comme lors de chaque séparation, on peut s'interroger sur l'échec de cette relation. Le couple était-il bien assorti ? Le naufrage était-il vraiment inéluctable ? Depuis 1973 il est indéniable que deux visions de l'Europe se sont affrontées...
(Coll. Questionner l'Europe, 134 p., 15 euros)
ISBN : 978-2-343-15100-7, EAN EBOOK : 9782140094019

LE COMPTOIR DE LA HANSE

Laurent Gérard

Johannes et Wille vivent leurs vies d'adolescents lorsqu'une machination fomentée par le père de ce dernier les oblige à quitter leur ville natale de Lübeck. Ils traversent alors la mer Baltique eet débarquent à Bergen, comptoir établi en Novège de la puissante ligue hanséatique. Pour parvenir à se faire une place dans ce port aux moeurs abruptes, Wille se salira le coeur et l'esprit au-delà de tout espoir de rédemption. Personne n'en sortira indemne, pas même le comptoir de la Hanse.

(Coll. Romans historiques, 348 p., 27,5 euros)

ISBN : 978-2-343-14143-5, EAN EBOOK : 9782140075650

JOURNAL DE GUERRE DU SERGENT LUCIEN BOTREL 1914-1918

Transcrit, annoté et commenté par Eric DAUBARD / Préface de Jacques Renard / Spm Kronos N°95

Le témoignage du sergent Lucien Botrel nous permet d'appréhender certains aspects encore méconnus de la Première Guerre mondiale. Témoin et acteur de cette terrible boucherie, il relate le quotidien dur et ennuyeux des soldats en première ligne, qui s'impatientent pour des nouvelles, des colis et leur retour en France. Ce journal fort bien écrit et dénué de toute haine à l'encontre de l'ennemi offre par le biais de l'écriture et de la photographie, une bouffée d'air pur dans un contexte inquiétant.

(Coll. Kronos, 358 p., 33 euros)

ISBN : 978-2-917232-55-2, EAN EBOOK : 9782140055560

UN PILOTE DE CHASSE DANS LA SECONDE GUERRE MONDIALE

Mes combats, ma captivité

Roger Saussol

C'est le récit d'un pilote de chasse ayant participé à la bataille de France avant d'être abattu. Le manuscrit de son témoignage a été conservé dans l'intimité des papiers de famille. Sa publication laisse une trace de ce que fut le quotidien d'un groupe de chasse dans la guerre et le vécu de « l'étrange défaite » par des hommes qui ont fait face.

(Coll. Graveurs de Mémoire, 178 p., 20 euros)

ISBN : 978-2-343-12591-6, EAN EBOOK : 9782140054969

LE DÉCHIFFREMENT DU MONDE

La gnose poétique d'Ernst Jünger

Luc-Olivier D'Algange

L'oeuvre d'Ernst Jünger ne se réduit pas à ses récits et journaux de guerre. C'est une méditation originale sur le Temps, les dieux, les songes et symboles. Elle mène de l'art de l'interprétation au rapport des hommes au végétal et à la pierre, elle est aussi une rébellion contre l'uniformisation, incarnée dans la liberté supérieure de l'Anarque envers tous les totalitarismes. Cet ouvrage qui met en regard la pensée de Jünger et celles de ses maîtres, de Novalis à Heidegger, entend rendre compte de son dessein poétique et gnostique. Il donne à voir le monde visible comme l'empreinte d'un sceau invisible.

(Coll. Théôria, 166 p., 18 euros)

ISBN : 978-2-343-13346-1, EAN EBOOK : 9782140050213

SUR LES PAS DU CHASSEUR

Engagé dans la Grande Guerre

Louis-Albert Serrut

L'écriture de ce récit est née de la curiosité avant de se muer en exploration puis en enquête. Elle s'efforce de retrouver et de suivre les pas d'un chasseur engagé dans la Grande Guerre. A partir de sources nombreuses et rares, l'auteur relate le parcours du soldat depuis le Chemin des Dames jusqu'à la fin de ses différents combats. L'ouvrage donne une vision des conditions de la guerre, des digressions sur l'engagement et la violence...Si les causes et les conséquences de ce conflit mondial sont connues à présent, l'histoire des plus humbles, des oubliés et des anonymes qui apparaissent au fil des pages ne doit pas l'être moins.

(Coll. Les Impliqués, 92 p., 12 euros)

ISBN : 978-2-343-13371-3, EAN EBOOK : 9782140051876

QUI SUIS-JE ? CHOIX DE POÈMES

Wer bin ich ? Ausgewählte gedichte

bilingue français allemand

Robert Gernhardt

Très peu connue en France, la poésie de Robert Gernhardt est très lue et appréciée dans les pays germanophone. Robert Gernhardt s'inscrit dans une longue tradition de poètes usant de l'humour, du non-sens et de l'ironie mordante. Il est aussi un poète qui pratique la fable et la satire, qui cherche à ébranler le triste sérieux de l'homme, empêtré qu'il est dans le brouhaha ambiant, livré aux médias électroniques et aux réalités virtuelles.

(Coll. Poètes des cinq continents, 116 p., 15 euros)

ISBN : 978-2-343-13191-7, EAN EBOOK : 9782140051647

GUERRE INACHEVEE PAIX MANQUEE

Jean-Claude Reverchon

Dans sa montée aux extrêmes la Première guerre mondiale n'aura connu ni vainqueur ni vaincu. Sur le front ouest les Allemands échouent quatre fois à remporter la victoire. La suite fut une paix ratée qui engendra plus de sang et de ruines. A l'origine de ce livre, il y eut le récit du père de l'auteur, engagé volontaire en 1914 à 18 ans, officier de troupe sur le front jusqu'à la fin de la guerre. Au-delà, l'auteur veut expliquer cette période tragique. Il souligne la nécessaire coopération entre la France et l'Allemagne dans une Europe commune.

(172 p., 18,5 euros)

ISBN : 978-2-343-12310-3, EAN EBOOK : 9782140048906

L'INSTITUTION KANTIENNE DE L'HUMANITÉ

Pascal Gaudet

La philosophie critique de Kant serait marquée, selon Michel Foucault, par son enfermement dans le transcendantal, pensé comme immuable. Il faudrait prendre conscience de l'historicité de l'esprit, pour tenter cette épreuve de liberté qu'est la création de soi. Cet ouvrage montre que c'est précisément dans la philosophie transcendantale, interprétée ici dans un tout autre sens que celui proposé par Michel Foucault, que se manifeste, chez Kant, le pouvoir d'une liberté proprement humaine.

(Coll. Ouverture Philosophique, 70 p., 10,5 euros)

ISBN : 978-2-343-13115-3, EAN EBOOK : 9782140048517

GERMANIA

Alain Crémieux

Il n'est pas vain de s'interroger sur ce qu'il serait advenu si... Cet exercice est utile, peut être instructif par l'éclairage qu'il apporte, en contre jour, sur le véritable déroulement de l'Histoire. Germania explore la Seconde Guerre mondiale en imaginant ce qui aurait pu se produire si l'Allemagne n'avait pas déclaré la guerre aux États-Unis, et si l'attentat contre Hitler avait bel et bien réussi...

(Coll. Les Impliqués, 198 p., 19,5 euros)

ISBN : 978-2-343-13020-0, EAN EBOOK : 9782140047374

SAUL ASCHER

Un philosophe juif allemand entre Révolution française et Restauration prussienne

Suivi de La Germanomanie (1815) et La Célébration de Luther sur la Wartburg (1818) de Saul Ascher, adaptés et annotés par Jacques Aron

Jacques Aron

Saul Ascher (1767-1815) est un philosophe allemand autodidacte de la fin du Siècle des Lumières. Juif, il craint la fin de l'émancipation décrétée par la Révolution française : dans des territoires germanophones occupés par la France, la défaite de l'Empereur attise les divisions religieuses et féodales qui menacent l'unité nationale allemande. Ascher comprend que ces tensions nuiront aux Juifs. Lire ses deux oeuvres les plus lucides, La Germanomanie et La Célébration de Luther sur la Wartburg, contribue à la connaissance récirproque des peuples.

(Coll. Ouverture Philosophique, 110 p., 13 euros)

ISBN : 978-2-343-12947-1, EAN EBOOK : 9782140047114

L'ITINÉRAIRE D'UN ANCIEN COMBATTANT

HASSANE DIALLO ABDOULIAYE

Jeune Peul âgé de seulement 17 ans, lorsqu'il s'enrôle volontairement dans l'armée au déclenchement de la Première Guerre mondiale, Moussa Hassane Poullo Diallo quitte son village natal de Diagourou au Niger pour rejoindre les troupes coloniales en route pour l'Europe. Il participa aux batailles des Dardanelles en 1915 et se trouvait au Chemin des Dames en 1917... Blessé à Verdun, il devient chef du canton de la ville songhaï de Téra à son retour des combats. Un récit historique sur la vie d'un ancien combattant de plusieurs guerres.

(Coll. Les Impliqués, 208 p., 22,5 euros)

ISBN : 978-2-343-11661-7, EAN EBOOK : 9782140045332

Structures éditoriales du groupe L'Harmattan

L'Harmattan Italie
Via degli Artisti, 15
10124 Torino
harmattan.italia@gmail.com

L'Harmattan Hongrie
Kossuth l. u. 14-16.
1053 Budapest
harmattan@harmattan.hu

L'Harmattan Sénégal
10 VDN en face Mermoz
BP 45034 Dakar-Fann
senharmattan@gmail.com

L'Harmattan Cameroun
TSINGA/FECAFOOT
BP 11486 Yaoundé
inkoukam@gmail.com

L'Harmattan Burkina Faso
Achille Somé – tengnule@hotmail.fr

L'Harmattan Guinée
Almamya, rue KA 028 OKB Agency
BP 3470 Conakry
harmattanguinee@yahoo.fr

L'Harmattan RDC
185, avenue Nyangwe
Commune de Lingwala – Kinshasa
matangilamusadila@yahoo.fr

L'Harmattan Congo
67, boulevard Denis-Sassou-N'Guesso
BP 2874 Brazzaville
harmattan.congo@yahoo.fr

L'Harmattan Mali
Sirakoro-Meguetana V31
Bamako
syllaka@yahoo.fr

L'Harmattan Togo
Djidjole – Lomé
Maison Amela
face EPP BATOME
ddamela@aol.com

L'Harmattan Côte d'Ivoire
Résidence Karl – Cité des Arts
Abidjan-Cocody
03 BP 1588 Abidjan
espace_harmattan.ci@hotmail.fr

L'Harmattan Algérie
22, rue Moulay-Mohamed
31000 Oran
info2@harmattan-algerie.com

L'Harmattan Maroc
5, rue Ferrane-Kouicha, Talaâ-Elkbira
Chrableyine, Fès-Médine
30000 Fès
harmattan.maroc@gmail.com

Nos librairies en France

Librairie internationale
16, rue des Écoles – 75005 Paris
librairie.internationale@harmattan.fr
01 40 46 79 11
www.librairieharmattan.com

Librairie l'Espace Harmattan
21 bis, rue des Écoles – 75005 Paris
librairie.espace@harmattan.fr
01 43 29 49 42

Lib. sciences humaines & histoire
21, rue des Écoles – 75005 Paris
librairie.sh@harmattan.fr
01 46 34 13 71
www.librairieharmattansh.com

Lib. Méditerranée & Moyen-Orient
7, rue des Carmes – 75005 Paris
librairie.mediterranee@harmattan.fr
01 43 29 71 15

Librairie Le Lucernaire
53, rue Notre-Dame-des-Champs – 75006 Paris
librairie@lucernaire.fr
01 42 22 67 13